순례길에서 가장 큰 행복은 하루의 걷기가 끝날 때,
전날보다 더 나아진 자신을 느낄 때이다.

내가 걷는 길이 나를 더 행복하게 만들어 주었으면 좋겠다.

– 조대현 –

최근에는 지도를 구글 지도로 사용하는 순례자가 대부분이라서 산티아고 순례길 가이드북의 지도는 단순하게 필요한 부분만 보여주도록 제작 되었습니다.

Janus
산티아고 야누스

인간은 어떤 일이 원하는 대로 안 되는 슬픈 상황에서 앞으로는 '잘 될 거야'라는 희망을 가지면서 견뎌내려고 하지만 쉽게 극복하기 힘들다. 산티아고 순례길을 걷겠다고 마음을 먹을 때, 많은 사람들은 원하는 일이 안 돼서 힘들고 지치는 일상이 계속될 때 더욱 산티아고 순례길을 갈망한다.

슬퍼도 희망을 가지면서 기쁨을 생각하고, 아쉬워도 더 열심히 하여 열정으로 아쉬움을 털어내고 싶은 사람들이 산티아고 순례길을 걸으려고 한다면 사람들에게 지치고 실망해, 대부분은 혼자서 걷겠다고 다짐한다. 하지만 산티아고 순례길을 33일 동안 걷는 것은 쉽지 않지만 혼자서 생각만 하면서 걷는 것은 더욱 쉽지 않다. 그래서 서로 도와주면서 걸어가며 순례자끼리 속마음을 털어놓으며 위로를 받고 눈물을 보인다. 이 얼마나 위선적인가? 인간은 누구나 야누스의 얼굴을 가졌다고 볼 수 있다.

나에게도 오랜 시간을 어둡고 힘든 시기를 지날 때 다양한 방법을 동원하여 희망을 가지려고 노력했다. 노력하지 않고 슬픔만을, 고통만을 가지고 있었다면 나는 극단적인 선택을 했을 수도 있다. 힘들었던 시기에 산티아고 순례길을 혼자서 걸어봤지만 혼자서 걷는 시간보다 현지에서 전 세계인들의 슬픔을 공유하고 위로받으며 걷던 산티아고 순례길이 계속 뇌리에 남고 기억을 되새긴다. 전부는 아니겠지만 산티아고 순례길의 노력의 대가로 야누스Janus적인 시각으로 나는 살아남을 수 있었을지 모르겠다.

고대 로마인들은 문에 앞뒤가 없다고 생각하여 두 개의 얼굴을 가지고 있는 것으로 여겼다고 한다. 집이나 도시의 출입구 등 문을 지키는 수호신 역할을 하였다고 사람들은 믿었다고 한다. 문은 집의 시작을 나타내는 데서 모든 사물과 계절의 시초를 주관하는 신으로 숭배되어 그 믿음이 단어로 형성된 것이다.

1월이라는 어원은 야누스Janus에서 왔다. 영어에서 1월을 뜻하는 'January'는 '야누스의 달'을 뜻하는 라틴어 '야누아리우스Januarius'에서 유래한 것이다. 로마 시대에 달력이 생겨나면서 각 달의 의미를 가진 단어에서 만들었을 텐데, 단어를 만드는 인간의 실력은 참으로 대단하다.

우리는 현재, 양면성을 가진 사람들을 야누스의 얼굴을 가졌다라고 말하면서 사용하고 있다. 1월을 생각해보자. 1월은 새해를 바라보기도 하고, 12월을 되돌아보기도 한다. 다시 오지 않을 1년을 돌아보면서 슬퍼하기도, 회한에 차기도, 아쉬움을 나타내기도 한다. 그런데 한편으로는 1월은 한해의 시작으로 새로운 시작이자 희망의 시작, 기대감을 나타내면서 기다린다.

현대에 스페인의 북부의 약 800㎞를 걷는 것도 야누스적인 시각을 지녔다. 자동차로 쉽게 속도를 즐기면서 갈 수 있는 곳을 직접 한 발 한 발 걸어가며 의미를 곱씹고, 자신을 바라보는 데, 고통을 삼키며 자신을 되돌아본다. 물집이 잡혀 아파도 순례자들은 쉽게 포기하지 않는다. 그리고 누구에게 원망도 하지 않는다. 쉽게 무엇인가를 할 수 있는 시대에 고통을 즐기듯이 걸어간다. 매일 8시간 정도를 고통 속에서 걸어가기 때문에 순례자들의 뇌리에 깊게 남게 될 것이다. 그러니 일상으로 돌아온

후에도 산티아고 순례길의 기억을 평생을 간직하게 된다.

고통에서 각자 무엇인가를 배워 새롭게 자신을 태어나게 만들려고 한다. 앞과 뒤가 다를 야누스적인 사고는 우리를 산티아고 순례길로 향하게 만든다.

산티아고 순례길에서 만나 인생을 이야기하고 자신과 다른 이들의 대화에서, 나는 오랜 시간을 이야기하면서 새로운 나에 대해 알게 되었다. 그들이 이해가 안 될 때도 있었지만 점차 그들의 행복을 받는 방법을 체험을 하면서 동화되는 나를 보았다.

이것도 어떻게 보면 야누스Janus적인 시각일까?

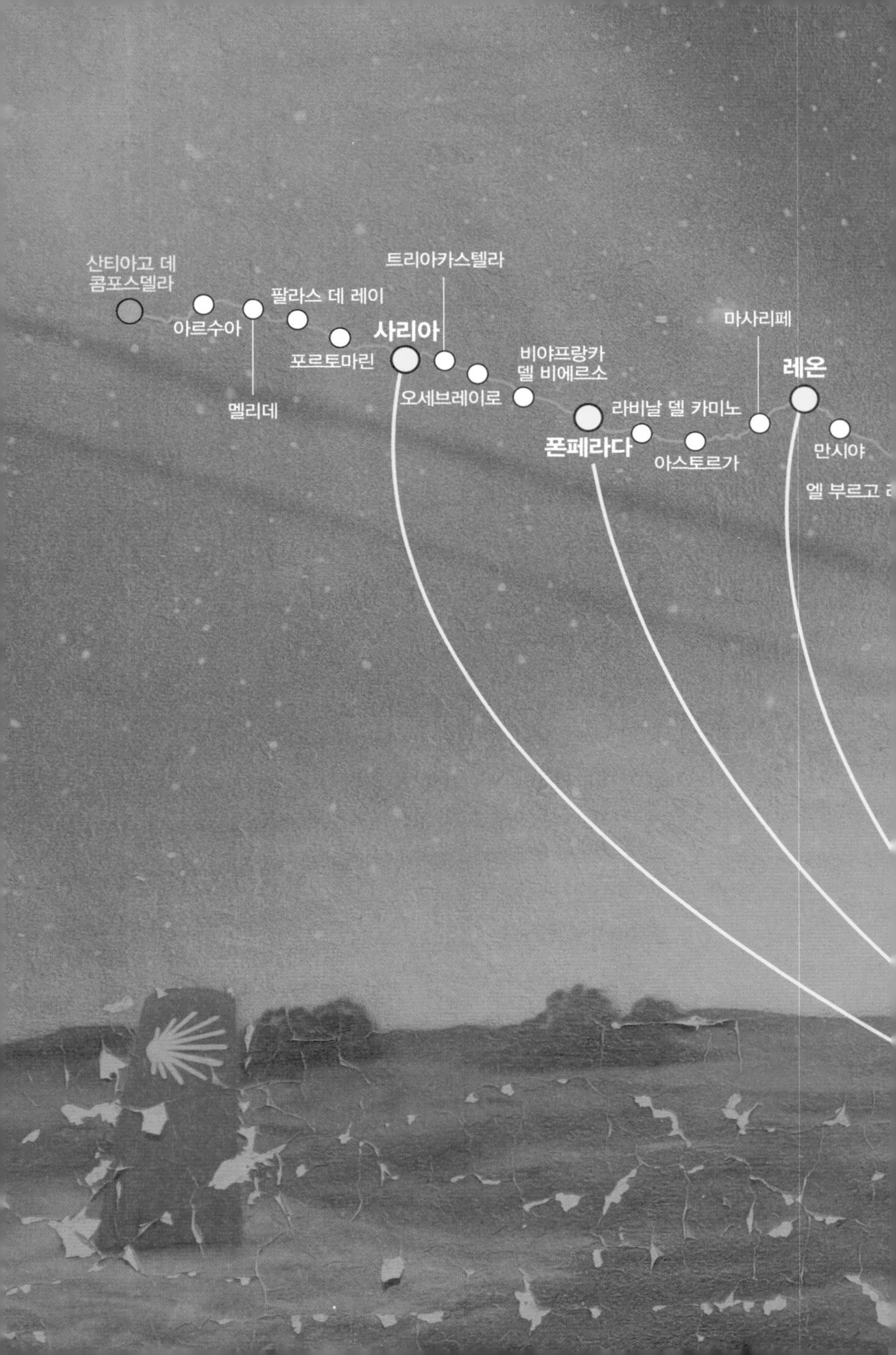

산티아고 데
콤포스텔라
아르수아
멜리데
팔라스 데 레이
포르토마린
사리아
트리아카스텔라
오세브레이로
비야프랑카
델 비에르소
폰페라다
라비날 델 카미노
아스토르가
마사리페
레온
만시야
엘 부르고 라

생장피드포트
론세스바예스
수비리
팜플로나
에스테야
푸엔테 라 레이나
로스아르코스
로그로뇨
나헤라
산토 도밍고
데 라 칼사다
벨로라도
산 후안 데 오르테가
부르고스
온타나스
보아디야 델 카미노
카리온 데
로스 콘데스
마드리드
(차마르틴 역에서 13시 출발)

산티아고 순례길 준비 밑그림 그리기

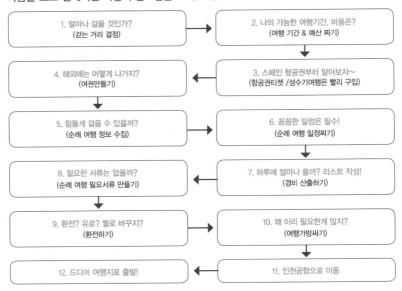

먼저 산티아고 순례길을 준비하는 밑그림을 그려보자. 산티아고 순례길에 대해 알고 있는 것을 적고나서 준비를 어떻게 할지 생각해보자. 밑의 표는 산티아고 순례길 준비에 대한 생각의 밑그림을 그리도록 정리한 것이다.

일단 갈 수 있는 일정을 정하자. 처음 산티아고 순례길을 떠나려면 복잡하기만 하고 머리만 아플 수 있다. 욕심을 버리고 준비하는 게 좋다. 산티아고 순례여행은 가는 것도 중요하지만 같이 가는 여행의 일원과 같이 순례길에서 평생 잊지 못할 깨달음과 추억을 만드는 것이 여행의 포인트이다.

다음을 보고 전체적인 여행의 밑그림을 그려보자.

1. 얼마나 걸을 것인가? (걷는 거리 결정)
2. 나의 가능한 여행기간, 비용은? (여행 기간 & 예산 짜기)
3. 스페인 항공권부터 알아보자~ (항공권티켓 /성수기여행은 빨리 구입)
4. 해외에는 어떻게 나가지? (여권만들기)
5. 힘들게 걸을 수 있을까? (순례 여행 정보 수집)
6. 꼼꼼한 일정은 필수! (순례 여행 일정짜기)
7. 하루에 얼마나 쓸까? 리스트 작성! (경비 산출하기)
8. 필요한 서류는 없을까? (순례 여행 필요서류 만들기)
9. 환전? 유로? 뭘로 바꾸지? (환전하기)
10. 왜 이리 필요한게 많지? (여행가방싸기)
11. 인천공항으로 이동
12. 드디어 여행지로 출발!

산티아고 순례길 여행 계획 짜기

산티아고 순례길 여행에 대한 정보가 많을 것 같지만 부족하다는 것이 내가 내린 결론이다. 특히나 프랑스길은 산티아고 순례길에서 가장 유명한 코스이지만 어떻게 여행계획을 세울까? 라는 걱정은 누구나 가지고 있다. 하지만 산티아고 순례길 여행도 역시 스페인을 여행하는 것과 동일하게 도시를 중심으로 여행을 한다고 생각하면 여행계획을 세우는 데에 큰 문제는 없을 것이다.

1 먼저 지도를 보면서 입국하는 도시와 출국하는 도시를 항공권과 같이 연계하여 결정해야 한다. 마드리드로 입국한다면 기차를 통해 폰페라나나 시리아로 이동하면 된다. 이곳에서 33일 정도를 걸어 산티아고 데 콤포스텔라에 도착한다.

2 이곳에서 마드리드로 이동해 출국하는 경우도 있지만 스페인의 끝자락에 있는 0㎞지점인 피니스테라로 이동하여 마지막을 함께 즐기는 경우도 있다. 피니스테라에는 마드리드로 이동하는 버스가 없어서 다시 산티아고 데 콤포스텔라로 돌아와 마드리드로 기차나 버스를 이용해야 한다.

3 바르셀로나 여행을 하려고 해도 산티아고 데 콤포스텔라에서 바르셀로나로 직접 이동하는 버스나 기차는 없다. 하지만 비행기를 이용한다면 바르셀로나로 직접 이동이 가능하여 최근에는 항공을 이용하는 경우가 상당히 많다. 대한항공은 마드리드로, 아시아나 항공은 바르셀로나로 직항을 운항하고 있으니 참고하면 좋다.

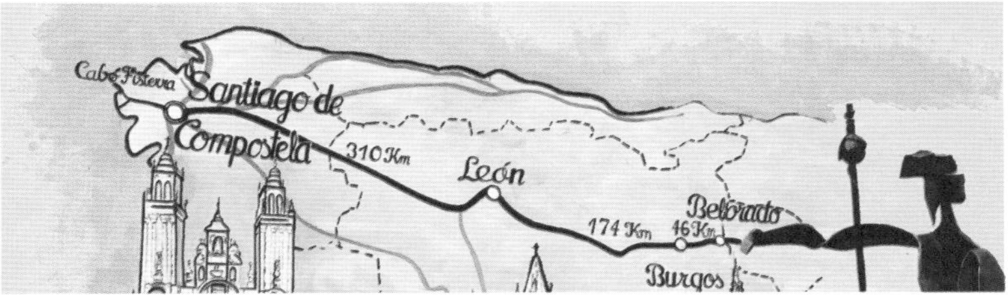

산티아고 순례길 부분 걷기 코스

산티아고 순례길 300㎞, 200㎞, 110㎞ 걷기 계획하는 방법

산티아고 순례길의 프랑스 길은 약 800㎞이다. 한 달이 넘는 기간 동안 걷기 위해 일정을 비우는 것은 쉬운 일이 아니다. 그래서 전체 순례길을 다 걷지 않고 나누어서 걷거나 마지막 순례길 부분을 걷는 순례자들도 있다.
산티아고 순례길을 나누어 걷는 순례자들은 대부분은 걷기 기간이 짧아지기 때문에 레온Leon을 기점으로 자신이 걷는 지점을 결정한다. 13일 레온 출발일지, 9일 폰페라다 출발일지, 5일 사리아 출발일지를 결정해야 한다. 프랑스 길의 일부분을 걷기위해 하는 순례자들은 220㎞, 110㎞를 폰 페라다Ponferrada와 사리아Sarria에서 걷기 시작하지만 일부 순례자들은 레온Leon 300㎞부터 걷는 경우도 있다.

1 걷는 기간을 빼고 최소한 4일의 시간이 필요하다. 마드리드로 입국해 이동하는 시간까지 2일이 필요하며, 산티아고 순례길을 걷고 나서 마드리드로 돌아와 다음날 출국한다고 해도 최소 2일이 필요하다. 그러므로 걷는 기간을 최소 4일, 보통은 6일 정도는 여유롭게 즐길 시간으로 필요하다고 생각하고 여행 일정을 계획해야 만약의 상황에 대비하기가 쉬울 것이다.

2 마드리드로 입국하면 숙소는 차마르틴 근처의 숙소를 구해 쉬고 다음날 차마르틴 역으로 이동해 기차표를 구입해 이동하면 된다. 차마르틴 역에서 12시 정도에 출발하므로 아침에 역으로 이동해 기차표를 미리 구입하고 숙소에서 체크아웃 시간은 기차 출발 30분 전에 이동해 대기하다가 출발하는 플랫폼이 결정되면 이동하면 될 것이다.

Tip

주의!!

마드리드에서 기차로 레온(Leon), 폰 페라다(Ponferrada)와 사리아(Sarria)로 이동하려면 마드리드의 차마르틴 기차역에서 기차표를 구입하면 된다. 조심해야 할 것은 팜플로나는 마드리드의 아토차 역에서 구입해야 하지만 나머지 레온(Leon), 폰 페라다(Ponferrada)와 사리아(Sarria)는 같은 기차선로로 이동하기 때문에 레온에서 내리고, 이어서 폰 페라다, 마지막에 사리아 역에서 내리는 완행 기차라고 생각하면 된다.

3 산티아고 데 콤포스텔라에서 다시 마드리드로 오기 위해서는 버스와 기차로 이동하는 경우가 많지만 시간이 부족하면 비행기로 이동하는 방법도 있다. 비행기나 기차는 사전에 티켓을 구입하면 편리하지만 산티아고 순례길을 걷는 일정이 변동이 있을 것 같다면 예약을 할 수 없다. 그러므로 자신의 체력 상태를 고려해 일정을 계획해야 한다.

17일 코스 마드리드 & 13일 산티아고 순례길(완주증 받기)

마드리드(1일) – 기차로 레온 이동(1일) – 레온 – 아스토르가 – 폰 페라다 – 사리아 – 팔라스 데 레이 – 멜리데 – 산티아고 데 콤포스텔라(13일) – 마드리드 이동(1일) – 마드리드 OUT(1일)

13일 코스 마드리드 & 9일 산티아고 순례길(완주증 받기)

마드리드(1일) – 기차로 폰 페라다 이동(1일) 폰 페라다 – 오 세브레이로 – 사리아 – 팔라스 데 레이 – 멜리데 – 산티아고 데 콤포스텔라(9일) – 마드리드 이동(1일) – 마드리드 OUT(1일)

9일 코스 마드리드 & 5일 산티아고 순례길(완주증 받기)

마드리드(1일) – 기차로 사리아 이동(1일) – 사리아 – 포르투마린 – 팔라스 데 레이 – 멜리데 – 아르수아 – 산티아고 데 콤포스텔라(5일) – 마드리드 이동(1일) – 마드리드 OUT(1일)

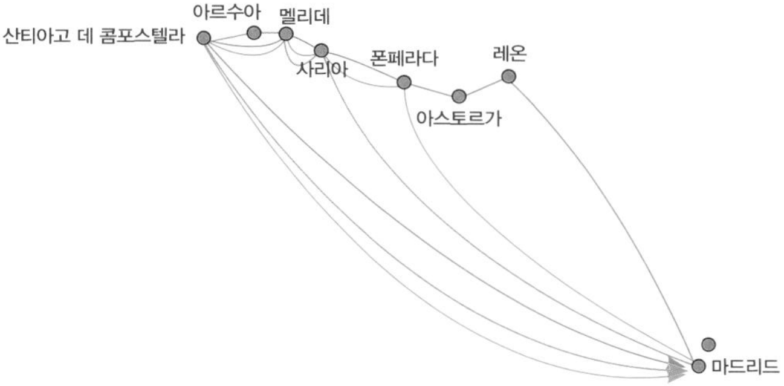

여행 계획 세우는 방법

1 산티아고 순례길을 어디서 출발할 것인지 결정하면 입국 도시가 확정되고 여행기간을 결정할 수 있다. 그리고 나서 순례길을 걷고 나서 스페인 여행을 할 것인지 결정하면 된다. 스페인 여행을 한다면 중점적으로 둘러보고 싶은 도시는 어디인지 확인해야 한다.

마드리드와 바르셀로나를 각각 2~3일로 여행하므로 나머지 기간을 확인하여 이동하는 도시를 결정해야 한다. 스페인의 안달루시아 지방의 도시를 얼마나 여행하는지에 따라 여행기간이 길어지거나 짧아질 수 있다.

2 스페인의 대표적인 대도시인 마드리드와 바르셀로나를 중점적으로 여행하고 마드리드에서 근교인 톨레도와 세고비아를 여행하고 바르셀로나에서 근교의 몬세라트, 시체스, 헤로나 등의 도시를 여행하는 경우도 많다.

3 7~14일 정도의 기간이 스페인을 여행하는데 가장 기본적인 여행기간이다. 그래야 중요 도시들을 보며 여행할 수 있다. 물론 2주 이상의 기간이라면 스페인의 북부나 안달루시아 지방의 다른 도시까지 볼 수 있지만 개인적인 여행기간이 있기 때문에 각자의 여행시간을 고려해 결정하면 된다.

욕심의 무게

순례길에서 가지고 있는
짐의 무게가 자기의 욕심의 무게라고 이야기 한다.

대부분 처음에 짐을 잔뜩 들고 출발하지만
그러고 나서 어느정도 지나면 깨닫게 된다.

짐이 너무 무거워서 줄여야 한다는 걸,
그러고 나서 줄이면 좀 줄어들고,
2~3번정도 줄이면 현명한 짐이 나타난다.

Contents

〉〉 산티아고 순례길을 위한 Teaching

》 짧게 떠나는 산티아고 순례길

〉〉 마드리드

Intro

산티아고 순례길에서 배운 나

저자는 이 길에서 누구나 인생이 끝날 때까지 살아간다면 성공한 인생이라고 판단하게 되었다. 산티아고 순례길은 경쟁을 하면서 걸어가는 길이 아니다. 가끔 남들보다 더 빨리 걸었다고 자랑을 하는 순례자도 있다. 그는 걷기만 했지 누구와 대화를 나누면서 인생을 배우려고 했는지 의문이다.

빨리 걷든 느리게 걷든 개인마다 체력이 다르고 걷고 있는 날씨의 상황도 다르다. 우리는 산티아고 데 콤포스텔라에 도착하면 된다. 도착만 하면 누구나 순례자 완주증을 받는다. 완주증에는 어떤 내용도 적혀 있지 않다. 적을 필요가 없기 때문이다. 완주증을 받으면서 받는 희열과 감동이 산티아고 순례길의 매력이다. 전 세계에서 온 순례자와 함께 교감을 나누면서 지내고 서로 도와주면서 받는 감동은 말

로는 표현할 수 없다. 어디에서도 쉽게 받을 수 있는 곳이 없게 된 지금의 세상에서 순례길의 감동을 받아가길 바란다.

인생도 마찬가지일 것이다. 어떤 이는 성공을 하고 어떤 이는 실패를 하지만 누가 행복한 인생을 살지는 모른다. 실패를 했지만 행복한 인생을 살았던 이가 더 좋을 수도 있다. 신이 인간에게 생명을 주었다면 누구나 죽을 때까지 살아가기만 한다면 신이 인간에게 준 책임을 다한 것이니 '성공'한 인생이다. 성공만을 위해 다른 사람들을 제치고 살아가는 것에 희열을 느낀다면 인생의 후반기에 누구에게 보복을 당할 수도 있고 불행이 찾아올 수도 있으므로 인생은 누구나 모르는 상황에서 살아간다.

특히 2021년 2년 만에 개방된 산티아고 순례길에서 나는 전 세계의 사람들과 만나고 이야기하면서 힘든 산티아고 순례길에서 매일 행복하게 걸었고 그들에게 배웠다. 그들은 완전히 나를 바꾸어 놓았다. 사진작가인 파울로 카르도네Paolo Cardone가 시작하여 르네Rene가 나아게 감동을 주었고 노엘리아Noelia가 마지막을 장식했다. 그 외에도 알프레도Alfredo, 하비에르Javier, 앙헬Angel, 엠마누엘Emmanuel, 프란체스코Francesco는 평생 내가 잊을 수 없는 이름일 것이다.

자신의 인생을 공정하게 살아가고 정직하게 살아가면서 세상을 도울 수 있다면 도우면서 행복하게 살아야 하지 않을까?

스페인 북부, 산티아고 순례길 사계절

유럽의 서쪽에 있는 이베리아 반도에 위치한 스페인은 지브롤터 해협을 사이에 두고 아프리카와 마주하고 있고, 피레네 산맥이 남북으로 가로막아 자연스럽게 프랑스와 국경을 형성하고 있다.

유럽에서 3번째로 땅덩이가 큰 스페인은 그에 걸맞게 다양한 기후가 나타난다. 대서양과 맞닿아 있는 서북 지방은 일 년 내내 습한 해양성 기후이고, 동남부 해안지대는 여름에는 덥고 건조하며 겨울에는 따뜻하고 비가 오는 지중해성 기후이다. 또 중부 내륙은 스텝 기후 지역으로 비가 적게 내린다. 이베리아 반도의 80%이상을 차지하는 스페인은 국토의 대부분이 해발 1,000m 안팎의 고원지대로 이루어져 있다.

산티아고 순례길을 걷는 대부분의 지역은 스페인 북부 지대로 더운 여름과 추운 겨울이 있는 날씨로 건조한 스페인과 다르다는 점을 빼고 대한민국의 사계절과 비슷할 수 있다. 스페인 북부도 봄과 가을에 일교차가 커지고 겨울에는 눈도 많이 오기 때문에 산티아고 순례길을 걷는 동안 날씨에 대한 대비도 해야 한다.

■ 산티아고 데 콤포스텔라 지역 강수량&기온

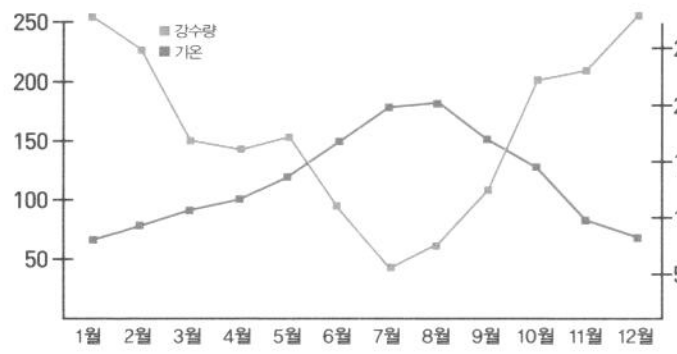

■ 팜플로나 – 나바라 지역 강수량&기온

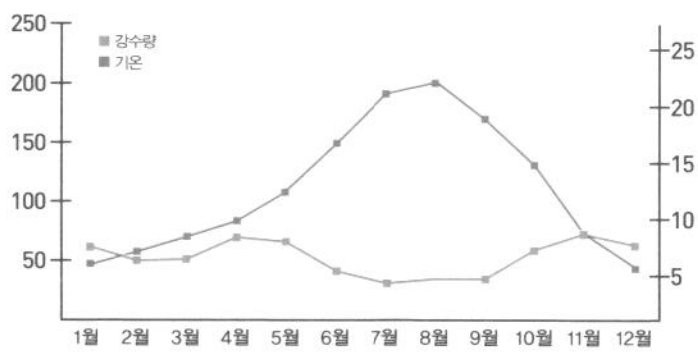

■ 부르고스 지역 강수량&기온

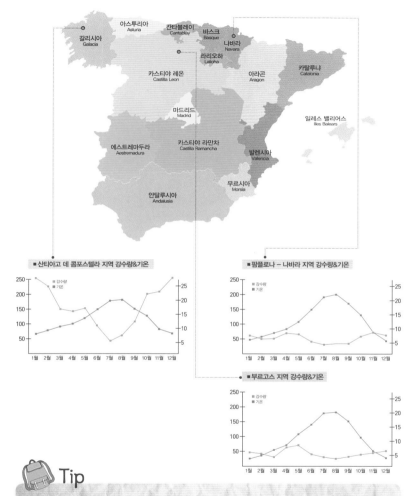

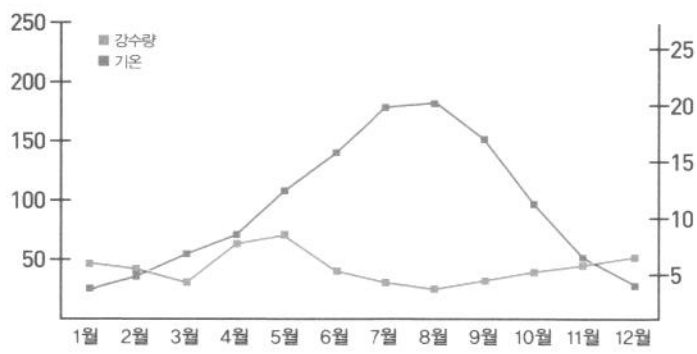

Tip

스페인 전체 날씨

남부는 반도와 섬이 많아 해안선이 복잡하고 북부는 고원으로 형성되어 있다. 스페인은 대체로 여름에는 덥고 건조하며, 겨울에는 비교적 따뜻하고 비가 자주 내리는 지중해성 기후가 나타난다. 하지만 땅이 넓어 지역에 따라 다양한 기후가 나타나고 있다. 지중해 연안인 스페인의 남동부는 일 년 내내 따뜻하지만 마드리드 위쪽의 중부지방은 더운 여름과 추운 겨울의 기온 차이가 크다.

봄 | 4월 중순~5월 말

4월에는 스페인 북부는 건조한 날씨가 시작되지만 피레네 산맥과 갈리시아 지방에는 비가 많이 내린다. 출발하기 전에 날씨를 확인하고 순례길을 걸어야 비가 오는 날 체온유지를 할 수 있다.

여름 | 6~9월 중순

휴가를 맞은 전 세계의 순례자들이 가장 많이 순례를 시작하는 계절이다. 하지만 날씨가 너무 덥고 뜨거워 12시 이후에는 걷기가 힘들다. 열사병이나 일사병에 대한 대비를 하면서 걷고, 수분 섭취를 적절하게 하여 체온이 급격하게 상승하는 것을 막아야 한다.

Tip

많은 전 세계의 순례자들이 몰리기 때문에 알베르게에서 숙박하는 것이 쉽지 않다. 예약을 할 수 없고 선착순으로 알베르게에 머물 수 있어서 많은 순례자들은 7시 전부터 출발하는 순례자들도 상당히 많아진다.

가을 | 9월 말~11월 중순

산티아고 순례길을 가장 걷기 좋은 계절이라고 말한다. 라 리오하 지방은 와인을 위한 포도를 수확하고, 메세타 지역은 농작물을 수확한다. 온도도 25도를 유지하고 건조한 날씨가 상당기간 지속되므로 걷기가 수월하다. 하지만 갈리시아 지방으로 다가갈수록 점점 비가 오는 날씨는 많아진다.

겨울 | 11월 말~다음해 4월 초

피레네 산맥에는 겨울에 눈이 상당히 많이 오는 데, 녹지 않고 얼어있는 구간이 많아서 걷기가 힘들다. 이후에는 평지가 계속 되므로 걸을 수는 있지만 눈이 오거나 비가 오는 날씨가 순례자들을 힘들게 만든다. 그러나 도시 레온 이후(오 세브로이로 제외)에는 영상의 날씨가 대부분이어서 짧은 300㎞이내에는 걷는 것이 나쁘지 않다. 갈리시아 지방에는 눈보다는 비가 오는 날이 많으므로 우비를 준비하고 체온 유지에 신경을 쓴다면 걸을 수 있다.

적은 숫자의 순례자들이 오기 때문에 서로간의 끈끈한 정으로 걸어가는 경우가 많아서 추억은 더 많아지는 계절이다. 침낭과 방수 보온 등산 의류를 준비하면 도움이 된다.

왜 산티아고 순례길을 걷는가?

성 야곱이 잠들어 있는 가톨릭 3대 성지 산티아고 데 콤포스텔라

스페인의 북서부인 갈리시아 지방에 있는 도시 산티아고 데 콤포스텔라Santiago de Compostela는 예루살렘, 로마 바티칸과 함께 가톨릭 3대 성지에 속한다. 예수를 따르는 12명의 제자 가운데 한명인 성 야곱은 포교활동을 한 뒤에 예루살렘에 돌아가는 길에서 순교하였다. 제자들은 그의 유해를 배에 싣고 스페인으로 옮겨 매장했지만 이슬람교도가 스페인을 침입하여 기독교를 박해하면서 성 야곱의 무덤이 어디에 있는지 알 수가 없었다.

양치기에 의해 순례길이 만들어지고 잊혀졌다.

9세기 초, 한 양치기가 별에 인도되어 성 야곱의 무덤을 발견하고 그 자리에 조그만 성당을 지었다. 후에 성 야곱의 무덤이 산티아고에서 발견되었다는 소문이 유럽전역에 퍼지면서 많은 순례자들이 산티아고를 방문하게 되었다. 11세기에 많은 순례자들에 의해 순례길이 정비되면서 성당과 수도원에는 숙소들이 들어섰다. 그러다가 중세가 지나면서 산티아고 순례길은 잊혀져갔다.

프랑코정권이 찾아내다.

이 잊혀진 순례길은 스페인의 독재자 프랑코장군이 정치적인 이유로 정권을 합리화하는 과정에서 찾아내면서 대중에게 알려지기 시작했다. 프랑코장군이 죽고 정권이 붕괴되었지만 산티아고 순례길은 오히려 더 활성화되었다.

현재에도 꾸준히 걷는 순례길

스페인은 가톨릭 국가이다. 그런 스페인도 설문에 의하면 가톨릭 신자가 20%에도 못 미친다는 설문 결과가 나오기도 했다. 하지만 아이러니하게도 산티아고 순례길을 찾는 순례자들의 숫자는 기하급수적으로 늘었고 가장 많이 걷던 때는 50만 명이 순례길을 찾았다. 매해 약 40만 명 정도의 전 세계인들이 순례길을 걷기 위해 찾고 있다.

지금도 많은 순례자들이 방문하는 이유는 뭘까?
종교적인 경험을 얻고자하는 이유가 전부일까?

단순한 그 이유만으로는 설명할 수 없다.

나는 왜 걷는가?

현재의 산티아고는 관광지이자 순례지로 유명하다. 순례길은 상업화의 영향을 덜 받는다. 오랜 시간 잠들어 있던 산티아고 순례길은 지금이 시작일 뿐이다. 나는 가톨릭 신자가 아니지만 순례길에서 걸을 때마다 긍정적인 기운을 받아 감동한다. 특히 코로나 바이러스로 2020년에 닫혔던 산티아고 순례길이 2021년 다시 열리면서 정말로 걷고 싶었던 순례자들이 2021년 여름 이후부터 걷고 있고 그들은 서로 순례자가 되어 코로나 바이러스로 인한 아픔을 서로 치료하고 도움을 받으면서 걷고 있다.

성 야곱의 영혼이 살아 숨 쉬면서 순례길을 걷는 순례자들에 한명, 한명에게 인생의 새롭고 긍정적인 미래를 만들 수 있는 힘을 전해주고 있다. 이 길을 걸은 후에 당신의 미래는 과거에 경험한 인생과 다르게 될 것이다.

산티아고 순례길의 덤은 옛 순례자들의 발자취를 더듬어 가면서 스페인의 또 다른 매력에 빠지게 된다는 점이다.

순례자의 시간

산티아고 순례길에서 나는 순례자의 시간으로 들어간다. 여행자에서 순례자로 바뀐 나, 중세의 다리가 보이고 이제는 단순한 길에서 순례의 시간이 시작되었다. 명망 높은 신자들이 걸었고 파울로 코엘로는 이곳에서 새로운 인기작가로 거듭난 산티아고 순례길, 이 길은 나에게 인생을 바꾼 대 변혁이었다.

산티아고 순례길은 어떤 이에게는 삶의 터전인 곳일 것이다. 이곳에서 사람들은 순례자로 옷을 갈아입고 각자의 인생에서 힘든 순간을, 즐거웠던 시간을, 서로 대화를 나누면서 자신을 찾는 기회를 얻는다. 이 기회는 자신들이 선택했다. 그러므로 기회를 잡아야 한다. 머뭇거린다면 기회는 없어지고 단순히 걸어간 길이 되어버릴 것이다. 나 또한 그랬다. 6번의 산티아고 순례길을 걸었지만 단순히 좋은 길 정도로만 느껴졌다. 사업을 실패하고 걸었을 때에 힘들게 걷고 난 후 나에게 오는 꿀 같은 잠이 보약이 된 정도기 나에게 그나마 축복이었다.

7번째의 산티아고 순례길에서 나는 행운의 '7'이란 숫자가 나에게 행운이 다가올지 궁금했다. 산티아고 순례길은 2020년 코로나 바이러스가 전 세계로 확산하면서 닫혔다가 2021년 백신의 보급으로 다시 열렸다. 각국에서 백신을 맞고 떠나온 순례자들이 정말 간절한 마음을 가지고 이곳에 모였다.

다들 처음에는 몰랐을 것이다. 그런데 하루를 걷고 이야기하고, 점차 마음을 열고 대화를 나눈다. 점점 서로에게 빠져 대화를 나누면서 이 길이 걸어가는 길이 아닌 순례길로 바뀌고 있었다. 그렇게 걸었던 순례길은 우리의 순례길로 바뀌어 추억을 공유하고 각자의 기억으로 남아 지금도 서로 그때를 이야기한다.

산티아고로 가는 길에서 산티아고 순례길로 바뀌어 느낀 감동을 나는 마드리드로 돌아오는 기차에서 알 수 있었다. 그들을 생각하면서 나는 눈물을 흘렸다. 더 같이 있지 못하는 시간이 안타깝다.

Camino de Santiago

산티아고 순례길을 위한

Teaching

누군가는 이 길을 걸으면서 육체적으로 아파했을 수도 있고, 누군가는 이 길을 걸으면서 정신적으로 아파했을 수도 있다. 아프지 않더라도 누군가는 이 길을 걸으면서 내가 왜 산티아고 순례길을 걷게 되었는지 갈등을 했을 수도 있다.

가끔 누구보다 빠르게 걸어서 완주했다는 자신감을 가질 수도 있지만 대부분의 순례자들은 아파하면서 서로 도우며 힘들게 걸어왔을 것이다.

그래서 순례길을 걸으면서 우리 모두는 순례자이고 종착지인 산티아고 데 콤포스텔라에 도착했다면 모두 완주자이다. 이 말은 우리는 인생의 종착지가 다 다르기 때문에, 우리 모두가 다른 인생을 살지만 인생을 끝까지 살아간다면 인생의 성공한 사람이 된다는 이야기와 같다.

산티아고 순례길에서 프랑스 길을 걷는 다고 하는데, 프랑스 길은 어디인가요?

산티아고 순례길에서 걸어가는 최종 목적지는 산티아고 데 콤포스텔라Santigo de Compostela이다. 예수의 12제자 중 한 명인 야곱(산티아고)의 무덤이 있다고 알려져 있다. 야곱의 무덤이 있는 곳으로 향하는 길(카미노) 중에 프랑스 길이 있는 것이다.

프랑스 길 외에도 포르투갈 길, 은의 길, 북부 길, 마드리드 길, 레반테 길 등 많다. 그 중에서 순례자가 되기 위해 가장 많이 찾는 길은 프랑스 길이다. 현재 프랑스 길이 가장 정비가 잘 되어 있고 숙소체계도 안전하게 운영되고 있다.

프랑스 길은 프랑스의 생장피드포트St. Jean Pied-de-Port에서 갈리시아 지방의 산티아고 데 콤포스텔라Santigo de Compostela까지 약 800㎞를 걷는다. 스페인 북부의 17개의 자치주 중에서 4개의 자치주인 나바라, 라 리오하, 카스티야 이 레온, 갈리시아를 걸어간다.

1년 중에서 언제 가장 걷기가 좋을까요?

스페인 북부는 대한민국과 날씨가 비슷하다. 스페인 남부는 따뜻하여 겨울에도 반팔을 입고 다닐 수 있지만 스페인 북부는 겨울에 눈도 오고 춥다. 반대로 여름에는 매우 덥다. 그러므로 대한민국의 날씨를 생각하면 쉽게 연상이 된다.

5~6월의 봄, 9~10월의 가을이 걷기가 좋은 계절이라고 판단할 수 있다. 그런데 더운 여름에 가장 순례자들이 많이 찾는다. 그 이유는 휴가기간과 겹치기 때문이다. 겨울에는 비와 눈이 오기 때문에 걷기가 힘들지만 순례자가 적기 때문에 서로 이야기를 많이 나누면서 친구가 될 가능성이 높기도 하다.

약 800km를 걷는 데, 얼마나 시간이 걸릴까요?

산티아고 순례길의 프랑스 길은 약 800㎞로 하루에 25㎞를 걷는다면 약 32일 정도 소요된다. 그런데 개인마다 체력이 차이가 나고, 발에 물집이 잡히면 걷기가 힘들어진다. 또한 날씨가 비나 눈이 와서 걷는 거리가 짧아지면 더 오랜 기간이 소요된다.

순례길을 걸으면서 만나는 도시들이 아름다워 더 보고 싶다면 추가로 시간이 필요하다. 그러므로 개인이 걸을 수 있는 기간과 체력을 고려하여 산티아고 순례길을 걷는 기간을 결정해야 한다. 무작정 남들이 만들어놓은 계획으로 걷는다면 문제가 발생할 수 있다.

산티아고 순례길을 걸으면서 길을 잃어버리거나 위험할까요?

산티아고 순례길은 평지부터 오르막길, 차량 도로 옆, 숲길 등 여러 가지 형태의 길을 걷게 된다. 그런데 걸을 때 혼동되는 구간은 노란색 화살표나 인도에 마크를 표시하여 길을 잃을 가능성을 덜어주고 있다. 그래서 길을 걷다보면 나무나 집의 담장, 전신주, 도로 바닥 등에 노란색 화살표가 표시되어 있고 각 지방의 도시들은 큰 도시에 카미노 표지판을 설치해 놓았다.

오랜 시간 동안 많은 순례자들이 걷고 문제점이 있다면 개선을 해 놓았기 때문에 걱정을 할 필요가 없다. 로그로뇨, 부르고스와 레온 같은 대도시들은 노란색 화살표를 칠하기 힘들기 때문에 바닥에 조개모양으로 표시해 놓은 경우가 많다. 가끔 대도시에는 공사로 인해 순례길 표시를 찾는 것이 힘들 수도 있다.

무엇을 준비해야 할까요?

우리가 등산을 갈 때, 무엇을 준비할지 생각하면 쉽게 답이 나온다. 계절에 따라 입는 옷이 달라질 수 있지만 대부분의 준비물은 비슷하다. 너무 심각하게 고민할 필요는 없다. 순례길을 걷는 방식은 사람마다 다르기 때문에 준비물 또한 사람마다 다를 수 있다. 밑의 준비물은 최소한의 준비물에 대해 설명해 보았다.

1. 등산화

걸을 때 가장 중요한 준비물이 등산화이다. 구입하는 기준은 무게가 중요하다. 등산화의 무게가 무겁다면 반드시 발에 무리가 오게 된다. 여름에는 운동화를 신고 걷는 순례자들도 있지만 겨울에는 특히 산티아고 순례길인 갈리시아 지방에는 비가 자주 오기 때문에 방수가 되는 등산화를 신고 걸어야 한다. 여름에도 통풍이 되는 등산화가 좋다. 가끔 중등산화냐 경등산화냐를 질문하지만 무겁지만 않다면 상관없다.

2. 배낭

배낭은 45ℓ를 가장 많이 사용한다. 그런데 여기에 침낭을 비롯해 물품을 준비하면 무겁다는 사실을 알게 된다. 배낭이 무거우면 걷는 순례자 자신만 고생을 한다. 미리 구입을 하고 자신에게 맞는지 직접 매고 확인을 하고 산에 직접 짊어 매고 걸어보는 것이 좋다.

Tip

저자는 겨울이 아니라면 23ℓ 배낭을 선호한다. 최소한의 짐만 들고 걷는 것이다. 무릎에 무리가 간다고 등산용 스틱을 가지고 가려고 하지 말고 배낭의 짐을 줄이는 것이 무릎에 무리가 가지 않게 만드는 방법이다.

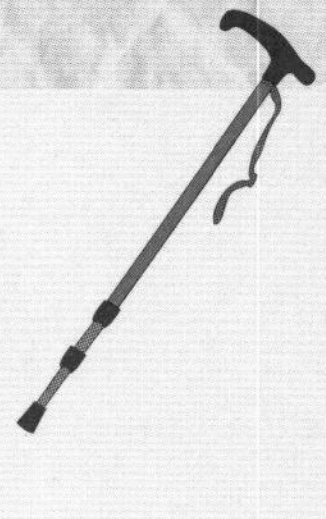

3. 등산용 스틱(지팡이)

예전에는 지팡이를 많이 가지고 걸었지만 요즈음은 등산용 스틱의 사용빈도가 많이 늘었다. 스틱을 사용하면 편하지만 식사를 하다가 아침에 일찍 출발하다가 알베르게나 레스토랑에 두고 오는 경우가 많다. 저자는 배낭의 무게를 줄이는 데, 신경을 쓰지 등산용 스틱을 가지고 가려고 하지는 않는다. 반드시 가지고 가야하는 품목은 아니다.

4. 침낭

계절에 상관없이 반드시 필요한 준비물이다. 침낭도 여름에는 천으로만 만들어진 침낭이 필요하다. 베드버그(빈대) 때문이다. 베드버그에 물리면 상당히 고생을 한다. 여름을 제외하면 가벼운 오리털 침낭을 가지고 걸으면 도움을 받는다. 난방이 안 되는 알베르게가 많아서 체온유지에 침낭은 효율적이다.

5. 판초 우비

여름에는 필요하지만 겨울에는 우비보다 방수가 되는 외투가 더 효과적이다. 우비를 가지고 가도 외투에 끼어 입는 것이 쉽지 않고 비가 오다, 안 오다를 반복하기 때문에 겨울보다 여름에 필요하다.

6. 점퍼

여름에는 어떤 외투나 상관없다. 보통은 반팔을 입고 다니다가 비가 올 때나 추울 때 입기 때문에 무게가 덜 나가고 방한기능이 있는 점퍼가 좋고 겨울에는 방한대책으로 따뜻하지만 가벼운 점퍼가 좋다. 그렇다고 캐나다구스를 입고 갈 필요는 없다.

7. 상, 하의, 속옷

개인적으로 상, 하의 옷은 3벌 정도가 좋다. 여름에는 땀이 나서 세탁을 해야 하고 겨울에는 비가 와서 세탁을 해야 하는 경우가 많다. 속옷도 상하의와 같은 숫자로 준비하면 된다.

8. 양말

4켤레는 가지고 있자. 반드시 등산양말을 신고 가야 한다. 등산양말도 두꺼운 것이 좋다. 등산양말은 물집이 잡히지 않도록 마찰을 줄여주기 때문에 두꺼운 양말이 효과가 좋다. 비가 오면 갈아 신는 것까지 생각하고 준비해야 한다. 무게도 많이 나가지 않아 고민이 할 필요가 없다.

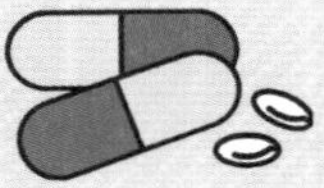

9. 의약품

감기약, 소화제, 항히스타민제(베드버드 대비용)가 필요하다. 풋크림이나 바세린까지 가지고 가면 더욱 좋다.

10. 세면도구

여행용세면도구를 2개 정도를 가지고 가면 된다. 세면도구는 알베르게에 두고 오는 경우도 많아 2개 정도를 준비해 가면 효과적이다.

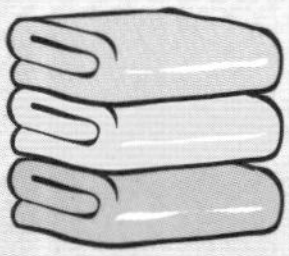

11. 수건

3개정도를 준비하고 여름에는 손수건을 가지고 가서 열기를 식힐 때 사용하면 효과적이다.

12. 선크림

스페인은 햇빛이 강해 자주 발라줘야 한다. 간단하게 바를 수 있는 선 스틱도 유용하게 사용할 수 있다.

13. 스마트폰

많은 순례자들이 스마트폰을 사진을 찍고 메모를 하는데 사용을 많이 한다. 입국을 하면 공항에서 데이터를 구입하여 이용하면 효과적이다. 사설 알베르게는 와이파이 사용이 대부분 가능하지만 공립 알베르게는 와이파이 이용이 안 되는 곳도 많다.

걸을 때 가장 문제가 되는 몸의 이상은 무엇일까요?

계절에 상관없이 감기에 걸릴 때를 대비해 감기약 정도는 준비해야 한다. 그런데 걸으면서 가장 문제가 되는 것은 발에 물집이 잡히는 것이다. 피부마찰을 줄이는 방법과 물집이 잡혔을 때 대처법(바세린, 풋 크림)이 필요하다. 산티아고 가는 길에서는 오랜 시간을 걷기 때문에 물집이 잡히는 것은 피할 수 없을 수도 있다. 하지만 잘 모르고 걷다가, 처음에 무리를 해서 물집이 너무 일찍 잡혀서 걷기를 중단하는 경우도 봤다.

바세린이나 풋 크림은 전날에 바르고 양말을 신고자면 아침에 코팅 막 같은 것이 형성되어 오래 걸을 때 물집이 잘 잡히지 않는다. 저자가 여러 방법을 사용해 봤지만 이것만큼 좋은 방법은 없었다. 오랜 시간을 걸으면 물집이 잡히기 쉽다. 물집이 잡히면 걷는 자세가 흐트러져서 걷는 것이 더 힘들어 지고, 신경도 많이 쓰여서 심지어 걷는 것을 포기하기도 한다.

발에 물집이 잡혔다면 어떻게 치료를 해야 할까요?

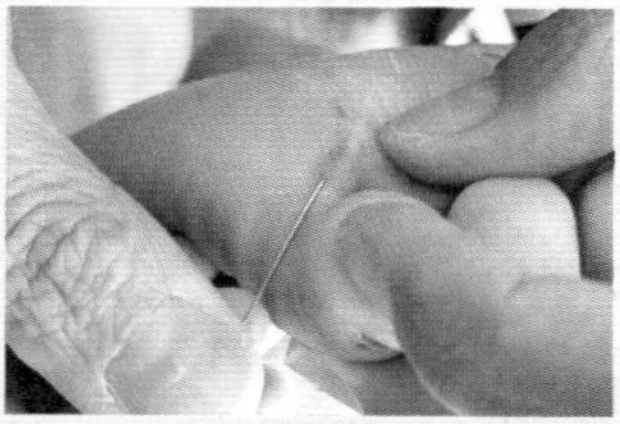

물집이 잡혔을 때, 그냥 두는 거보다 터뜨리는 것이 좋다고 알고 있는 분들이 많다. 심하지 않고 터뜨리기 힘든 초기에는 그냥 놔두어야 한다. 쓸데없이 터뜨리다가 더 심해지는 경우가 많다. 일단 반창고로 최대한 양말과의 마찰이 없도록 해주어야 한다. 발이 아프지만 참을 수 밖에 없다.

일단 물집이 잡혔을 때 최선의 방법은 바늘에 실을 꿰어서 물집을 바늘은 통과시키고 실은 물집속 안에 그대로 두는 것이 좋다. 바늘을 라이터로 소독하고 실은 살짝만 소독한 뒤 사용한다.

이때 바늘로 가장 약한 부위의 살을 찌르고 물집의 물이 나오면 다시 그 부분에 실을 다시 넣으면서 나오는 실은 일정부분 잘라서 놔두면 취침을 하는 밤에 실을 따라 물이 흘러나와서 2일 정도 후면 물이 빠지면서 살이 붙게 된다. 다음날에도 아프지만 걷다보면 통증이 덜해질 것이다. 물이 다나왔다면 실을 당겨서 빼면 물집이 낳게 된다.

식사는 어떻게 하나요?

산티아고 순례길은 스페인 북부지방을 걸어서 여행을 하는 것과 같다. 스페인 사람들이 어떻게 식사를 하는지 알면 도움이 된다. 아침에 6~7시 사이에 일어나서 세수를 하고 출발준비를 하고 나서 알베르게나 바Bar에서 에스프레소나 우유를 넣은 커피인 카페 콘 레체Cafe con leche를 주문하고 나서 생 오렌지 주스, 크로아상이나 달걀과 감자로 만든 오믈렛인 토르티야Tortilla를 주로 먹는다. 전 날 슈퍼에서 구입한 재료로 직접 샌드위치를 만들어 먹기도 한다.

점심은 시간에 맞춰 레스토랑이나 바Bar가 있다면 먹게 되지만 없으면 먹지 않고 계속 걸어갈 때도 많다. 산티아고 순례길에서는 12시 30분 이후부터 점심식사가 가능하기 때문에 식사시간을 맞춰서 주문을 해야 한다. 커피나 맥주에 샌드위치 빵의 가운데를 잘라 그 안에 하몽이나 고기, 초리소 등을 넣어 만드는 보카디요Bocadillo를 먹기도 한다. 점심 식사를 거르고 머물고자 하는 알베르게에 도착하여 레스토랑에서 정식 점심식사를 하는 경우도 상당히 많다. 스페인에서는 오후 2시 정

도부터 레스토랑의 문을 여는 경우가 많기 때문이다.

저녁식사는 마트에서 요리 재료를 사다가 만들어 먹기도 하지만 레스토랑에서 10~15€의 식사가 전채 요리, 주 요리, 디저트로 먹을 때가 많다. 식사를 하면서 대화를 나누기 때문에 유럽이나 미국의 순례자들과 대화를 하기 위해서는 같이 레스토랑에서 식사를 하는 것도 친해지는 방법이다.

Tip

스페인 식사

스페인의 레스토랑은 9~10시에 저녁 식사를 하지만 산티아고 순례길의 레스토랑에서는 6시 30분 이후부터 식사를 할 수 있다. 전채 요리, 주 요리, 디저트로 이루어진 식사가 10~15€로 제공되는 데, 와인이나 맥주, 음료수를 마신다면 추가적인 비용이 소요된다.

- **전채 요리** : 샐러드, 파스타, 스프, 리조또
- **주 요리** : 고기요리나 찜, 아니면 생선요리에 감자튀김이 같이 제공된다.
- **디저트** : 케이크, 아이스크림, 요구르트, 플란, 콘레체 등

전채 요리

메인 요리

디저트

산티아고 순례길에서 듣는 용어가 따로 있나요?

산티아고 순례길을 걷는 사람들을 '순례자'라고 부른다. 배낭에 조개껍데기와 지팡이를 보면 순례자인지 쉽게 알 수 있다. 길을 걸으면서 듣는 용어에 대해 알고 갈 필요가 있다.

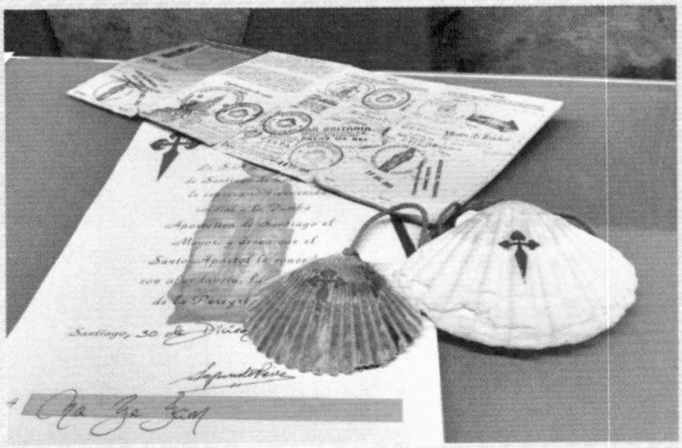

크레덴시알(Credensial)

순례자 여권을 부르는 용어로 산티아고 순례길을 시작하는 사람들은 생장 피드포트의 순례자 사무소나 알베르게에서 순례자 여권을 구입할 수 있다. 순례자 여권에 알베르게나 바Bar에서 도장을 찍어서 산티아고 데 콤포스텔라에 있는 순례자 사무소에서 완주증을 받을 때 제시해야 한다.

부엔카미노(buen camino)

"좋은 길"이라는 뜻의 카미노 길 위에서 가장 많이 듣게 되는 용어이다.

하코 트랜스(Jacotrans/짐 이동 서비스)

최근에 많은 순례자가 무거운 짐을 다음 알베르게까지 이동시키고 순례자는 가벼운 짐을 들고 이동하는 경우가 늘어났다. 하코 트랜드 봉투에 목적지, 알베르게 이름, 자신의 이름, 연락처를 적어서 봉투 내부에 요금(5~7€)를 넣어서 배낭에 붙여두면 알베르게에서 출근을 한 업체 업체 직원이 이동시키게 된다. 비가 올 때 서비스를 이용하면 편리하다.

짐을 매고 오르막길이 급한, 이동하기에 힘든 구간에서만 사용하기도 한다. 생장피드포트에서 론세스바예스, 팜플로나에서 푸엔테 라 레이나, 아스트로가에서 폰세바돈, 폰세바돈에서 폰페라다. 비야프랑카 델 비에르소에서 오 세브로이로 구간에서 자주 사용한다.

순례자들은 어디에서 머무나요?

순례자를 위한 숙소를 '알베르게Albergue'라고 부른다. 프랑스 길의 약 800㎞에 알베르게가 있어서 저렴하게 순례자들을 위해 제공되고 있다. 알베르게는 공립과 사립으로 나뉘는데 공립이 보통 5€에 시트비 1€로 6€로 사용이 가능하고 사립은 10~22€(시트비 1€가 포함된 곳도 가끔 있음)에 시트비 1~2€로 책정된다.

알베르게는 시설마다 달라서 한 방에 4인실부터 20인실까지 다양하다. 보통 2층 침대로 구성되어 있지만 가끔은 1층 침대만으로 만들어져 있는 경우도 있다. 남녀의 구분이 없이 배정이 되고, 화장실과 샤워 시설은 남녀 공용인 곳도 남녀 구분된 곳도 있다.

알베르게는 밤 10시면 문을 닫고 아침 8시에 비워줘야 한다. 또한 1일만 머물러야 하지만 사립 알베르게는 규제가 덜 엄격하다.

알베르게Albergue에서는 누구나 취침이 가능한가요?

알베르게Albergue는 순례자를 위한 숙소이기 때문에 순례자만 숙박이 가능하다. 순례자라는 사실은 순례자 여권인 크레덴시알Credencial이 있으면 해당 알베르게Albergue에서 도장을 찍어 일정 개수 이상을 확인하고 완주증을 받을 수 있기 때문에 따로 순례자인지 확인을 하지는 않는다.

크레덴시알Credencial은 자신이 출발한 곳에 있는 순례자협회에서 발급을 하기 때문에 발급받는 장소마다 조금씩 디자인이 다르다. 알베르게Albergue에서 여권과 크레덴시알Credencial을 보여주면 여권 번호를 적고, 크레덴시알Credencial에 도장을 찍고 나면 침대 번호를 알려주어 배정을 해준다.

크레덴시알Credencial에 순례자가 걷는 도시나 마을의 알베르게Albergue에서 받은 도장은 산티아고 데 콤포스텔라Santigo de Compostela까지 최소 110㎞를 걸은 순례자는 완주증을 받을 수 있다.

Tip

산티아고 순례길 중간 지점 증명서

많은 대한민국의 순례자들이 중간 지점의 증명서를 3€를 증명서 비용으로 내고 받을 수 있다. 생장 피드포트에서 걷기 시작해 산티아고 데 콤포스텔라까지 중간 지점으로 의미가 있는 곳이 사아군(Sahagun)이다. 중간 지점까지 걸었다는 증명서는 산티아고 순례길을 절반을 걸었다는 사실을 축하하는 의미로 받는다.

사아군 도서관(Sahagun Library)에서 산티아고 순례길 중간 지점을 지났다는 증명서를 제공한다. 사아군 도서관의 1층으로 들어가면 오른쪽에 입구가 있다. 따로 증명서를 제공한다는 표지판은 없지만 입구로 들어가면 도서관에서 어디로 가야하는지 설명을 해주기 때문에 받는 데 어려움은 없다. 순례길을 나누어서 걷는 순례자들은 중간 지점에서 받는 완주 증명서도 희열을 느낄 수 있다.

epan cuantos esta Carta Peregrina vieren como
Cho Dae Hyun
ha pasado por tierras leonesas de Sahagún, Centro Geográfico del Camino de Santiago francés y como reza en el Codex Calixtinus "... pródigo en todo tipo de bienes, donde se encuentra el prado, en el que se dice, antaño reverdecieron las astas fulgurantes que los guerreros victoriosos habían hincado en tierra, para gloria del Señor". Y que según atestigua, ha encontrado reposo para las fatigas del cuerpo y alivio de las almas.

os moradores de esta noble villa le damos ánimos para seguir su camino y llegar con buena andanza a la casa del Señor Santiago, donde esperamos tenga un recuerdo de los que le hemos dado acogida.

para que conste y pueda ser exhibida ante quien se lo demande, firmo la presente en

Sahagún, a 25 de Octubre del año del Señor de 2021

La Alcaldesa.
Paula Conde García
Iacobus
Carta Peregrina 35268

산티아고 순례길을 걷는 이유는 무엇일까요?

산티아고 순례길은 이제 전 세계에서 찾는 길의 대명사가 되었다. 2022년 코로나 바이러스가 전 세계를 휩쓰는 상황에서 1년 동안 닫혔지만 2021년 다시 산티아고 순례길을 열었다. 이 길을 걷기 위해 매년 다양한 사람들이 찾아온다. 아무 이해관례도 없이 걸으면서 서로 도와주고 대화를 통해 자신을 찾아갈 수 있는 장소이다.

길을 걸을 때는 자신의 체력에 따라 걷는 거리가 다르지만 일정 기간이 지나면 같이 걷는 사람들이 정해지면서 이들과 더욱 많은 대화를 통해 전 세계의 세상에 대해 알 수 있고 삶을 찾아가는 원동력을 배울 수 있다.

스페인 음식

스페인 사람들은 후추, 마늘, 고추, 생강 등 향이 강한 향신료를 음식에 많이 사용한다. 특히 다른 유럽인들과 다르게 마늘을 매우 좋아해서 요리에 자주 사용한다. 남유럽에서 국토가 가장 넓은 스페인은 각 지역마다 기후나 풍토, 문화가 조금씩 다르다. 그런 만큼 지역마다 특색 있는 요리들이 발달했다. 목축을 많이 하는 카스티야 지역은 양고기나 돼지고기를 이용한 육류 요리가 발달했다.
또한 스페인은 유럽 최대의 쌀 생산지이자, 지중해 연안에 있어서 다양한 해산물을 쉽게 구할 수 있는 발렌시아 지역은 쌀과 해산물을 주재료로 하는 파에야Paella가 발달했다. 날씨가 더운 안달루시아 지역은 차갑게 해서 먹는 수프인 가스파초를 많이 먹는다.

하몽Jamón

돼지 뒷다리를 통째로 소금에 절여 훈연하거나 건조시킨 스페인의 전통 햄이다. 날 것을 소금에 재워 말린 고기로 쫄깃쫄깃하고 씹을수록 고소한 맛이 난다. 스페인 타베르나 문화에서 빼놓을 수 없는 별미이다. 하몽 중에서도 18개월 이상 도토리만 먹여 키운 흑돼지로 만든 이베리코 하몽Ibérico Jamón이 고급이다.

보카디요BocadilloJamón

절반 크기의 바게트 사이에 하몽이나 초리소, 치즈, 야채 등을 넣은 스페인식의 샌드위치이다. 이름은 한 입에 먹을 수 있는 양을 의미하는 'Bocado'에서 유래하였다.

플란Flan

계란의 노른자와 우유, 설탕을 섞어 만든 단맛이 나는 후식이다.

토르티야Tortilla

계란에 감자, 양파, 구운 피망, 햄 등을 넣어 만든 음식이다. 옥수수 가루로 만든 멕시코의 토르티야와는 다른 음식이다.

가스파초Gapacho

토마토, 피망, 오이, 양파, 빵, 올리브유 등으로 만든 안달루시아의 대표음식으로 태양이 강한 안달루시아에서 더운 여름을 이기기 위해 만든 차가운 스프이다.

코치니요Cochinillo

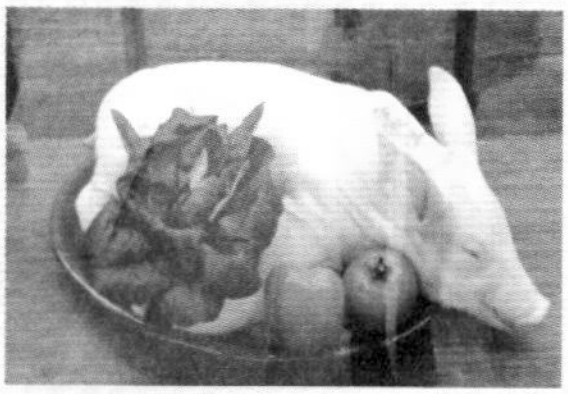

세고비아 지방의 대표적인 요리로 태어난 지 20일 정도 된 새끼 돼지를 오븐에 구운 음식이다.

초리소Chorizo

다진 돼지고기, 소금, 빨간 피망을 다져 만든 것을 순대처럼 넣어 만든다. 후추를 첨가하기도 한다.

살치차Salchidcha

초리소와 비슷한 이탈리아의 살라미Salami와도 비슷하다. 햄과 돼지비계에 후추 열매를 섞어 창자에 채워 넣어 만든다. 소금에 어느 정도 올려놓아 간이 베게 한 다음, 건조시키기 위해 야외에 그냥 두거나 연기를 쏘여 보관한다.

파에야Paella

쌀에 해물이나 고기, 야채, 샤프란을 넣어 만든 스페인식 볶음밥으로 발렌치아 지방의 대표적인 요리이다. 해물이나 닭고기를 넣어 만든 걸쭉한 볶음밥으로 만들어 먹기도 하여 지역에 따라 약간씩 다른 맛을 낸다. 사프란을 넣어 노란빛이 나기도 하고 오징어 먹물을 넣어 검은 빛이 나기도 한다.

파바다Fabada

콩을 이용한 일종의 전골 요리로 스페인의 북동쪽에 위치한 아스푸리아스 지방의 요리이다.

바칼라오 알 라 비스카이나Bacalao a la vizcaina

바스크식의 대구 요리로 대구, 마른 후추, 양파만으로 만든 바스크 지방의 대표요리이다.

사르수엘라Zarzuela

생선과 해물을 주재료로 해 한 가지 소스만 넣어 만든 요리로 나중에는 과일과 고기, 가금류 등을 넣어 만드는 바르셀로나 지역의 대표적인 요리이다.

소파 데 아호Sopa de ajo

빵, 마늘, 올리브기름, 피망만을 가지고 만드는 마늘 수프로 스페인 중앙에 위치한 카스티야 라 만차 지방의 대표적인 요리이다.

추로스Churros

밀가루에 베이킹 파우더를 넣어 반죽해 막대 모양으로 튀겨낸 음식을 초콜릿에 찍어 먹는다. 이를 추로스 콘 초콜라테Churros con chocolate라고 한다. 우리나라의 추로스보다 더 부드러우며, 초콜라테

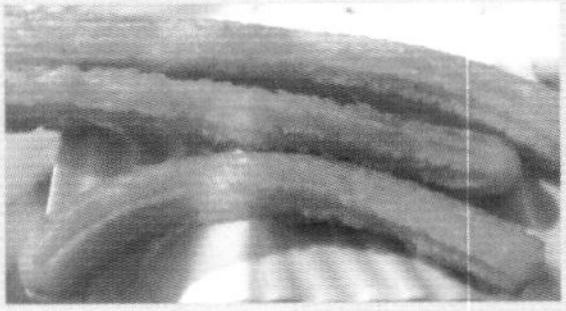

는 진하고 무겁다. 갓 구운 추로스를 초콜라테에 찍어 먹으면 간식으로 훌륭하다. 스페인 사람들은 아침식사로 먹는 경우가 많다.

타파스Tapas

뚜껑이나 책 표지를 의미하는 단어인 타파스Tapas는 저렴한 가격에 다양한 음식을 맛볼 수 있는 스페인 대표 음식으로 사실은 와인이나 맥주와 함께 먹는 안주가 발전한 요리라 보면 된다.

끼니를 간단히 때우기에 제격으로, 대부분 카페나 바Bar에서는 스페인 사람들의 일상이 되어 버린 타파스Tapas를 판매한다. 치즈, 생선, 계란, 야채 요리, 카나페 등의 간단한 것에서 복잡한 요리까지 포함된다. 바스크 지방에서는 핀초스Pinchos라고 한다.

산티아고 순례길로 이동하는 방법

마드리드에서 레온Leon, 폰페라다Ponferrada, 사리아Sarria로 이동하는 방법

산티아고 순례길 300㎞, 220㎞, 110㎞ 갈 때는 스페인 마드리드 북쪽에 있는 차마르틴 역, 12시 20분에 출발하는 기차를 타면 레온Leon을 거쳐 폰페라다Ponferrada, 사리아Sarria로 이동한다. 마드리드Madrid에서 갈 때는 기차가 점심 12시 정도에 가서 레온Leon을 거쳐 폰페라다Ponferrada, 사리아Sarria에 저녁에 도착해 알베르게에서 준비를 하고 다음날부터 출발하는 것이 좋다. 야간버스는 피곤이 누적되어 걸을 때 힘들 수 있다.

마드리드 차르마틴역	출발	도착
	주간 12시 21분	레온 16시 20분, 폰페라다 17시 35분, 사리아 18시 32분

버스도 있지만 기차를 추천한다. 버스는 오전부터 야간 버스까지 있다. 한다. 루고Lugo에서 내려 다시 사리아Sarria까지 갈아타고 가야 한다. 마드리드 남부터미널에서 루고까지 7시간정도가 소요되며 루고에서 사리아까지는 넉넉히 1시간도 잡으면 된다. (Alsa버스)

마드리드 남부터미널	출발 → 도착	루고 (Lugo)	출발 → 도착	사리아 (Sarria)
	오전 10시(7시간 소요)		30분~1시간 소요	

나는 산티아고 순례길을 걸으면서
가슴에 내 길의 영혼을 새겨 넣는다.

순례자의 하루

2~3일을 걸어보면 순례자의 하루가 짐작이 된다. 아침 6~7시 사이에 일어나 8시 전에 알베르게Albergue에서 나와 하루 일정을 시작하게 된다. 알베르게Albergue는 8시 전에 나와야 하고 1일만 숙박이 된다.

아침에는 커피와 빵으로 간단히 아침을 먹고 나서 물을 챙겨 걷다보면 배고픔에

싸온 간식을 순례길 중간에 먹으며 걷다가 점심을 먹는다. 이어서 쉬었다가 걸었다가를 반복하면서 하루에 20~30㎞의 일정을 마치게 된다. 하루에 대략 6~8시간을 걷게 된다.

걸을 때는 반드시 물집이 잡히지 않도록 발을 보호하면서 걸어야 한다. 물집이 잡히면 어느 누구도 제대로 걷기가 힘들다.

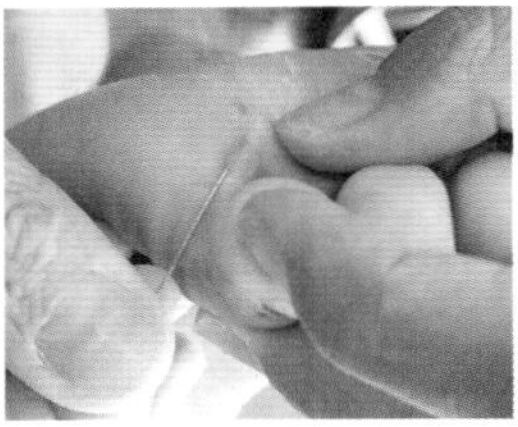
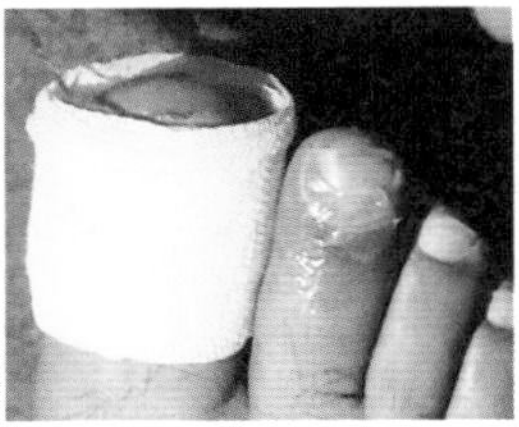
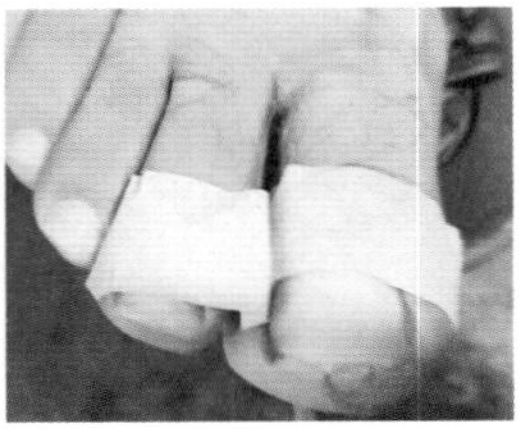

또한 물집이 잡히면 걸을 때 균형이 무너지기 때문에 또 다른 물집이 잡혀 제대로 걷지 못하는 악순환이 시작된다.

여름에 걸을 때는 물을 항상 배낭에 준비를 잘하고 걸어야 하고 추운 날씨나 겨울에는 얼마 안 되는 양의 물로도 충분히 걸을 수 있다. 마을을 지나갈 때마다 마을에는 식수대가 있으므로 물이 부족하다면 채워서 이동하도록 하자.

걷는 곳은 다양하다. 단순한 시골길부터 도로를 걷기도, 건너가기도 하고 교차로를 지나가기도 한다. 도로 옆 소로길도 걷고, 다리 밑으로 건너가고, 터널을 통과하기도 하면서 한걸음 한걸음 산티아고 데 콤포스텔라로 다가간다. 약 33일 정도 걸으면 마지막 지점에 도착할 수 있다.

만약 너무 일찍 오전 12시~오후 1시에 다음 도시에 도착하면 알베르게Albergue로 가서 기다리며 점심을 먹고 쉬게 된다. 알베르게Albergue에서 사람들과 이야기하면서 놀고, 저녁 시간에는 저녁식사를 하고, 10시 전에 잠에 들게 된다. 알베르게Albergue에서는 늦어도 10시에 문을 잠그고 10시에 소등을 시키는 알베르게도 있다.

인간 승리 미셸(Michel)

내가 처음 보았을 때, 그는 배낭이 한쪽으로 기울어 옆으로 엎어질 것 같았다. 다음날도 같은 자세였다. 그렇게 걷는 것이 신기했다. 걷다가도 발목과 다리가 아파 한참을 쉬었다가 출발했다. 우리가 할 수 있었던 유일한 행동은 '파이팅!'을 외쳐 주는 것뿐이었다.

사랑하는 아내를 잃고 한참을 방황하다가 산티아고 순례길을 알고 출발하였다는 그는 하루도 쉬지 않았다.

그는 남들보다 늦게 오래 걸어서 알베르게Albergue에 도착하면 녹초가 되어 있었다. 한참을 쉬었다가 샤워를 하고 저녁에는 항상 발목에 근육 완화제를 바르고 마사지를 홀로 했다. 그렇지만 그는 항상 친절하고 웃으면서 대화를 나누었다. 결국 그는 산티아고 데 콤포스텔라에 도착했다. 우리는 그에게 최고로 멋진 사진을 선물했다.

Camino de Santiago

짧게 떠나는

산티아고 순례길

1일차 레온부터 비야르 데 마사리페까지 - 26.8km

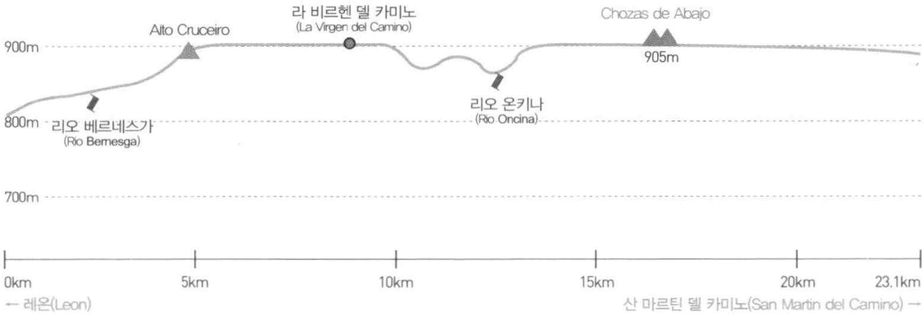

이동경로 / 26.8km

레온(Leon) – 라 비르헨 델 카미노(La Virgen del Camino) – 산 미겔 델 카미노(San Miguel del Camino) – 비야당고스 델 파라모(Villadangos del Paramo) – 산 마르틴 델 카미노(San Martin del Camino)

(2번 루트 : 레온(Leon) – 라 비르헨 델 카미노(La Virgen del Camino) – 초사스 데 아바호(Chozas de Abajo) – 비야르 데 마사리페(Viyar de Masarife))

도시에서 나가는 평지길

걷는 거리는 길지 않지만 큰 도시에서 다시 나오는 길도 지루하다. 하지만 도시를 나오는 과정에서 아무 생각 없이 걷다가 거리를 잘못 걷기도 한다.

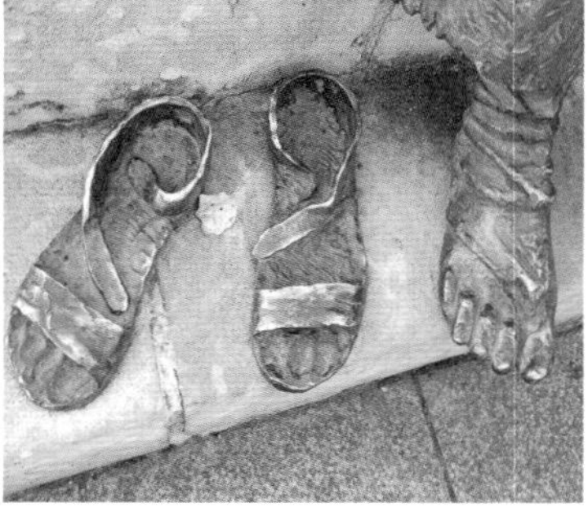

큰 도시들은 노란색 화살표 보다는 조개껍데기 모양을 보도 블록에 넣어 표시를 하는 경우가 대부분이다. 그런데 해가 뜨지 않은 어두운 길은 조개껍데기 모양이 잘 보이지 않는다.

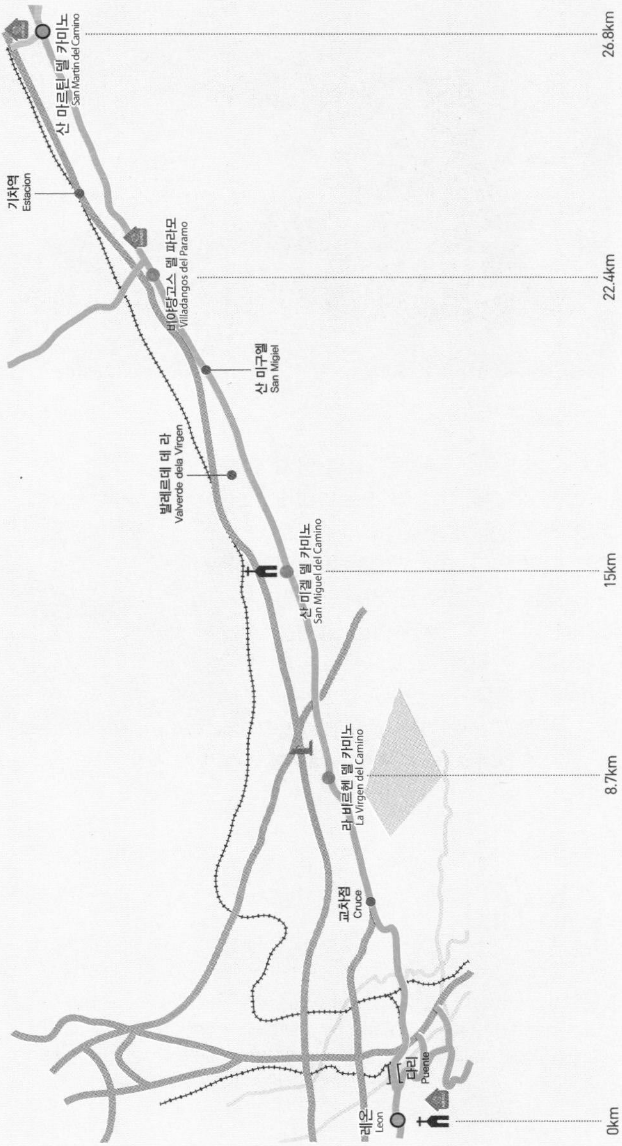
산 마르틴 델 카미노
San Martin del Camino
26.8km
기차역
Estacion
비야당고스 델 파라모
Villadangos del Paramo
22.4km
산 미구엘
San Migiel
발레르데 데 라
Valverde dela Virgen
산 미겔 델 카미노
San Miguel del Camino
15km
라 비르헨 델 카미노
La Virgen del Camino
8.7km
교차점
Cruce
다리
Puente
레온
Leon
0km

평지길이라 힘든 구간은 거의 없지만 레온 성당을 지나 카사 보티네스 등의 건축물을 보면서 도시를 나오도록 되어 있다. 마지막에는 기차역과 공항을 지나가므로 어느 지점인지 확인하는 것도 지루함을 달래는 방법이다. 간식과 물이나 음료수를 준비해 휴식을 취하면서 걸어가면 된다. 차량 도로로 가는 길은 지루하기 때문에 옆에 있는 친구들과 대화를 나누면서 걸어가는 것이 좋은 방법이다.

Tip

산티아고 순례길 300㎞ 걷기

산티아고 순례길의 프랑스 길은 약 800㎞이다. 1달이 넘는 기간 동안 걷기 위해 일정을 비우는 것은 쉬운 일이 아니다. 그래서 전체 순례길을 다 걷지 않고 나누어서 걷거나 마지막 순례길 부분을 걷는 순례자들도 있다. 프랑스 길의 일부분을 걸을려고 하는 순례자들은 220km, 110km를 폰 페라다(Ponferrada)와 사리아(Sarria)에서 걷기 시작하지만 일부 순례자들은 레온부터 걷는 경우도 있다.

레온Leon → 라 비르헨 델 카미노La Virgen del Camino | 8.7km

레온의 중심부인 마르셀로 광장과 레글라 광장을 지나도록 산티아고 순례길이 구성되어 있다. 이곳에는 산 마르셀로 성당과 카사 보티네스와 레온 대성당 등의 중요한 건축물들이 모여 있다. 아침에 보는 건축물도 상당히 아름다우니 천천히 걸어가면서 같이 온 순례자와 같이 사진을 찍으면서 추억을 남기는 것도 좋은 방법이다.

카예레누에바를 따라 가면 파라도르와 산 마르코스 수도원이 있는 산 마르코스 광장에 도착한다. 스페인의 유명호텔인 파라도르는 고풍스러운 건물이 아름다워 호텔이라는 사실에 놀라기도 한다.

베르네스가 강Rio Bernesga다리를 건너면 레온의 끝지점에 다가간다는 것을 생각하자. 아베니다 케베도에서 시작한 화살표가 기찻질 위로 인도교를 만나고 다시 직진하면 산티아고 성당이 나타난다. 왼쪽으로 돌아가면 사거리가 보이고 오르막길을 따라 걸어가면 된다. 점차 도로는 N-601의 큰 도로이므로 차량의 속도가 빠르다. 중간 중간 바Bar가 나타나므로 자신이 쉬고 싶을 때 휴식을 취하고 걸어가자.

라 비르헨 델 카미노 La Virgen del Camino → 산 미겔 델 카미노 San Miguel del Camino | 6.3km

N-120도로를 따라 가기 때문에 걷는 데 문제는 없지만 마을이 고풍스럽고 시골길을 걷기 위해 유럽의 순례자들이 선호하는 루트이다. 시골길은 교차로 밑의 터널을 지나간다. 터널에서 오른쪽으로 돌아가면 N-120도로가 보이고 산 미겔 델 카미노에 도착한다.

산 미겔 델 카미노 San Miguel del Camino → 비야당고스 델 파라모 Villadangos del Paramo | 7.4km

N–120도로 옆으로 난 작은 길은 아베니다 호텔을 지나 알베르게가 나타난다. 차량이 빨리 지나가는 구간이므로 교통 신호를 잘 지키도록 해야 한다.

비야당고스 델 파라모 Villadangos del Paramo → 산 마르틴 델 카미노 San Martin del Camino | 4.4km

나무 사이로 난 작은 소로길은 N–120번 도로와 만나 알베르게를 만날 수 있다. 하지만 작은 마을이므로 도로와 마을이 만나는 지점에서 먹거리를 미리 준비하는 것도 중요하다. 알베르게는 국도 오른쪽에 보이기 시작한다.

2번 루트 : 라 비르헨 델 카미노La Virgen del Camino → 초사스 데 아바호Chozas de Abajo | 10.3km

이곳은 비야르 데 마사리페와 비야당고스 델 파라모로 분리되는 도로가 나타나는 곳이다. A-71, A-66번 도로의 교차로를 건너 프레스노 델 카미노에서 휴식을 취한다.

초사스 데 아바호Chozas de Abajo → 비야르 데 마사리페Viyar de Masarife | 4.1km

소로길을 따라 걸으면 얼마 지나지 않아 비야르 데 마사리페에 도착한다.

산 마르틴 델 카미노(San Martin del Camino) 알베르게

작은 마을의 알베르게는 입구에 있다. 공립 알베르게 같지만 사설 알베르게인데도 시설이 좋은 편은 아니다. 16명이 사용하는 공간은 커서 여유로울 거 같지만 다소 웅성웅성 번잡하다. 알베르게 건너편에 레스토랑이 있어 대부분의 순례자가 식사를 이곳에서 해결한다.

| DATE | 1

| LOCATION | 레온 ···› 산 마르틴 델 카미노

| ONE'S TRAVEL SCHEDULE |

시 분 출발, 시 분 도착

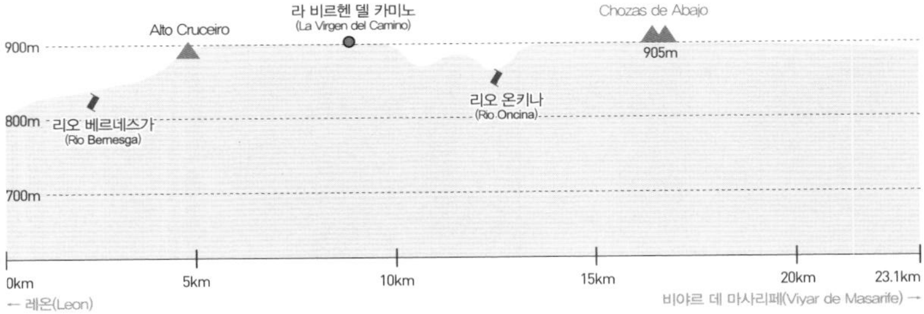

알베르게 유로(숙소 유로, 시트 유로)

도장 찍기

Fecha

2일차 비야르 데 마사리페부터 아스토르가까지 - 30.1km

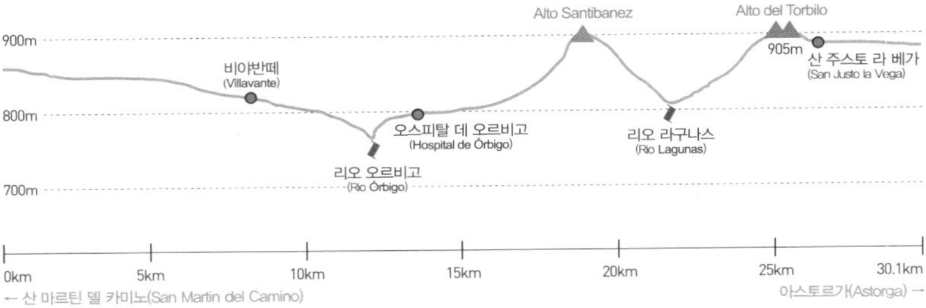

이동경로 / 30.1km

산 마르틴 델 카미노(San Martin del Camino) – 비야반테(Villavante) – 오스피탈 데 오르비고(Hospital de Orbigo) – 산티바네스 데 발데이글레시아(Santibanez de Valdeiglesia) – 산 후스토 데 라 베가(San Justo de la Vega) – 아스토르가(Astorga)

평지길

산티아고 순례길에서 마지막으로 남은 도시에 도착하게 된다. 대부분의 시골길을 평이하게 걷게 된다.

양쪽으로 경작지가 펼쳐지는 평야지대라서 평지가 대부분이다. 다만 그늘이 없으므로 여름에는 쉬면서 간식과 물이나 음료수를 준비해 걸어가야 한다.

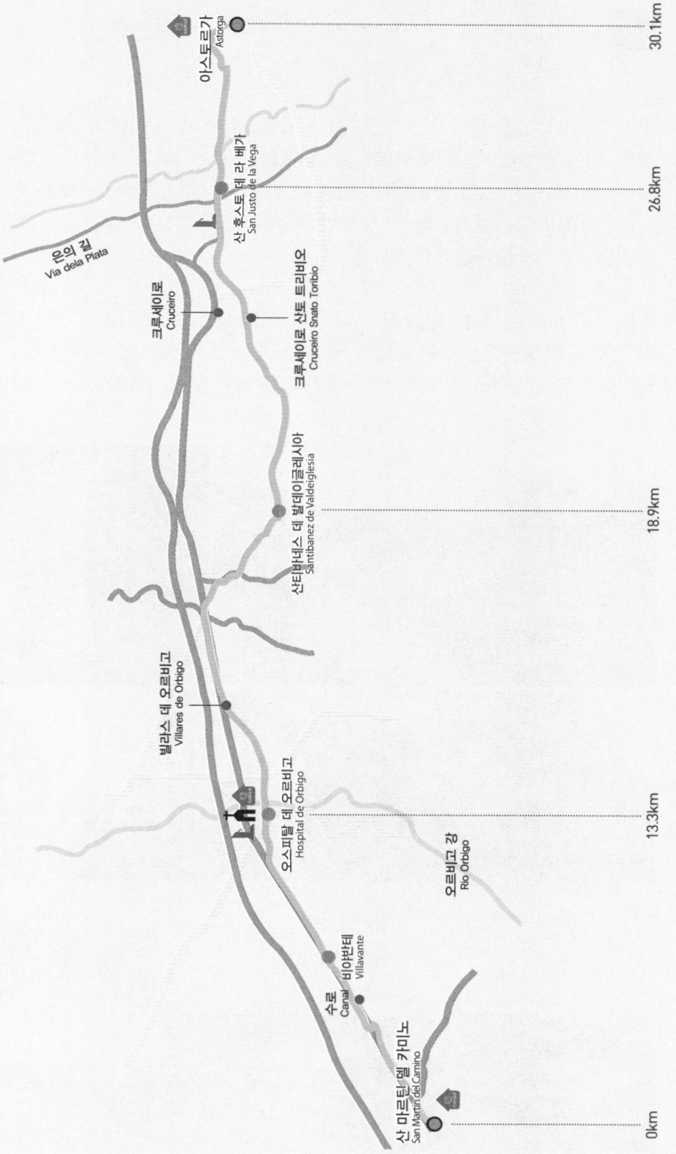

아스토르가
Astorga
30.1km
산 후스토 데 라 베가
San Justo de la Vega
26.8km
은의 길
Via dela Plata
크루세이로
Cruceiro
크루세이로 산토 트리비오
Cruceiro Snato Toribio
산티바녜스 데 발데이글레시아
Santibanez de Valdeiglesia
18.9km
빌라스 데 오르비고
Villares de Orbigo
오스피탈 데 오르비고
Hospital de Orbigo
13.3km
오르비고 강
Rio Orbigo
비야반테
Villavante
수로
Canal
산 마르틴 델 카미노
San Martin del Camino
0km

산 마르틴 델 카미노(San Martin del Camino) – 비야반테(Villavante) → 오스피탈 데 오르비고(Hospital de Orbigo) | 13.3km

시골길의 평지를 걸어가는 데 중간에 도로, 철로가 가로막고 있어 지나가게 된다. 작은 마을은 도로가 가로지르므로 도로를 따라 마을을 벗어나게 된다. 이후에는 시골길이 이어지므로 평이하다. 한참을 걸으면 비야반테에 도착할 수 있다. 철로가 보이면 위의 다리를 건너서 다시 시골길로 이어진다. A-71과 N-120도로가 겹치는 지점을 지나 시골길을 걸어간다.

왼쪽으로 보이는 물을 공급하는 급수탑이 보이고 조금만 걸어가면 푸엔테 데 오르비고에 도착하게 된다. 마을에는 오르비고 다리가 있는데, 세르반테스의 돈키호테의 모티브가 된 다리로 스페인에서 가장 오래된 중세 돌다리로 유명하다.

오스피탈 데 오르비고Hospital de Orbigo
→ 산티바네스 데 발데이글레시아Santibanez de Valdeiglesia | 5.6km

마을을 벗어나면 이내 갈림길이 나온다. 대부분 풍경이 예쁜 시골길로 들어간다. 낮은 경사의 오르막길을 걸어가면 포장도로가 나오면 마을이 시작된다고 생각하면 된다. 이곳의 바Bar는 각자 먹고 싶은 과일이나 간단한 먹거리, 음료수를 선택하여 먹으면 되는데, 돈은 각자 알아서 저금통에 넣으면 된다. 이곳에서 쉬면서 앞으로 걸어갈 힘을 얻어가자.

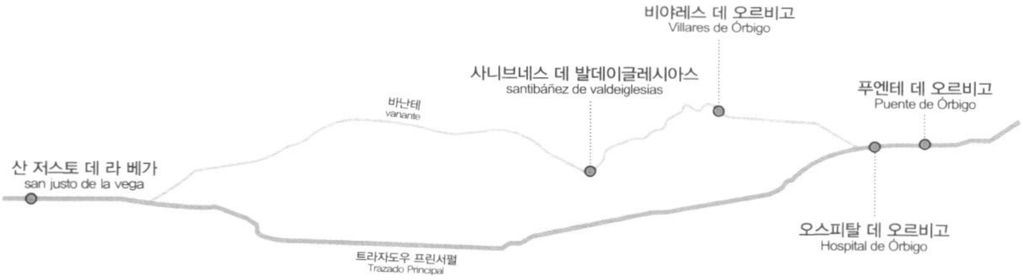

오른쪽으로 돌아 산티바네스 데 발데이글레시아를 지나는 시골길

직진해 빠르게 이동하는 도로 옆 소로길

산티바네스 데 발데이글레시아 Santibanez de Valdeiglesia → 산 후스토 데 라 베가 San Justo de la Vega | 7.9km

평지가 이어지는 시골길이다. 중간에 경작지가 계속 이어지고 조그만 마을이 있어서 화살표는 듬성듬성 있다. 구글맵을 켜서 위치를 확인하는 것도 좋은 방법이다. 산토 토리비오 십자가 Cruceiro de Santo Toribio 가 나타나면 아스토르가에 근접한 것이다. 내리막길이 나오고 순례 기념상이 나오는데 내리막길이 있으니 무릎이 아플 수도 있어서 천천히 걸어가도록 하자.

산 후스토 데 라 베가(San Justo de la Vega) → 아스토르가(Astorga) | 3.3km

투에르토 강이 보이면 몰데라 다리가 나온다. 다리를 건너 오른쪽으로 돌아가면 시골길이다. 다리를 건너 왼쪽으로 걸어가면 철로가 있다. 사고가 많이 난 이후로 철로 위에 다리가 만들어져 있는데 꾸불꾸불 만들어서 걷는 거리는 짧지 않다.
아스토르가 시내로 들어가기 위해 교차로를 건너 걸어가면 멀리 도시가 보인다. 왼쪽으로 돌아 짧게 걸으면 다시 오른쪽으로 경사길이 나오는 데 마지막으로 조금 심한 경사길이다. 경사길만 올라가면 순례자 철제상이 있고 알베르게가 보인다. 이곳에서 정면에 아스토르가 광장과 시내가 펼쳐진다.

아스토르가(Astorga)

아스토르가Astorga는 산티아고 순례길의 마지막 250㎞지점 정도에 있는 도시로, 2000년 전에 로마인들에 의해 세워진 유서 깊은 도시이다. 로마시대의 유적지도 유명하지만 가우디가 디자인한 네오 고딕 양식의 주교관 건물이 더 보고 싶을 수 있다. 현재 순례자 박물관으로 사용하고 있는데, 가우디의 초창기 건축물이라 가우디의 특징이 나타나지는 않아 유명하지는 않다.

마요르 광장

광장은 아스토르가 시민들이 매일 보고 사람들을 만나는 장소이다. 고대 로마 시대에 포룸이 있던 곳으로 중세부터 현재의 광장 모습으로 변화하기 시작했다. 광장의 한편에는 17세기 바로크 양식으로 지어진 시청이 있다.

시청 ▶

아스토르가 대성당

로마네스크 양식으로 지어진 성당은 15세기에 증축을 시작해 18세기에 완공하였다. 고딕, 르네상스, 바로크 양식이 섞여 있는 데, 약 300년 동안 지어진 흔적을 볼 수 있다. 18세기에 마지막으로 완성된 파사드는 은 세공 양식이 섬세하게 녹여 아름다움을 더했다는 평가를 받고 있다.

지에르바스 데 마리아(Siervas de Maria) 알베르게

아스트로가 입구에 알베르게가 있어서 쉽게 찾을 수 있다. 입구부터 온도를 체크하고 입장할 수 있다. 1층에 방은 4명과 8명 방 나누어져 있고, 식사와 세탁은 지하에 있다. 순례자 누구나 찾는 알베르게로 화장실이나 샤워실은 상당히 깨끗하고 관리가 잘 되어 있다. 다만 식사는 밖에서 해결해야 한다.

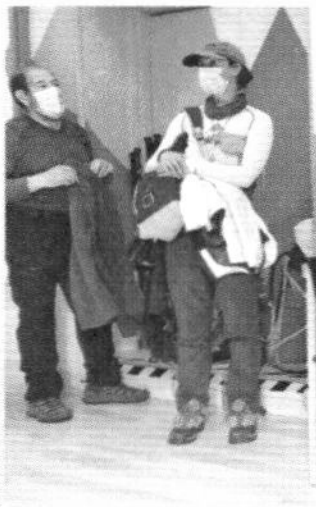

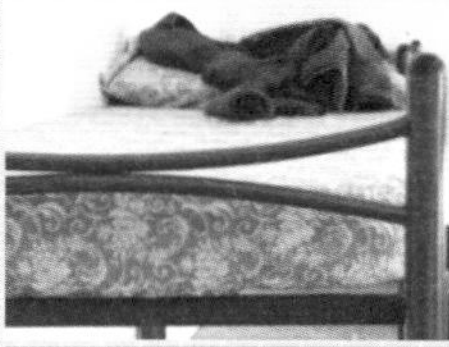

| DATE | 2

| LOCATION | 산 마르틴 델 카미노 ··· 아스토르가

| ONE'S TRAVEL SCHEDULE |

시 분 출발, 시 분 도착

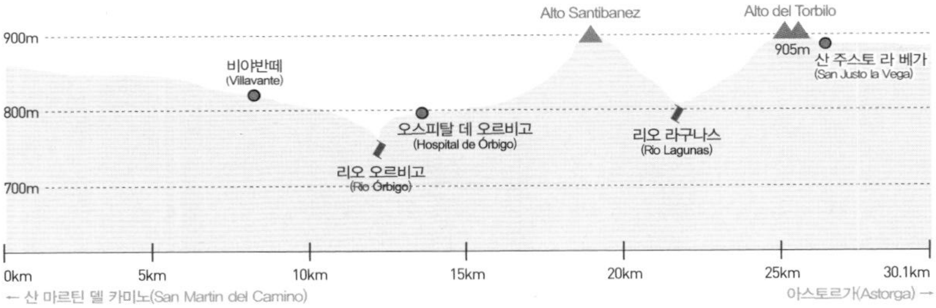

알베르게 유로(숙소 유로, 시트 유로)

도장 찍기

Fecha

3일차 아스토르가부터 폰세바돈까지 - 27.2km

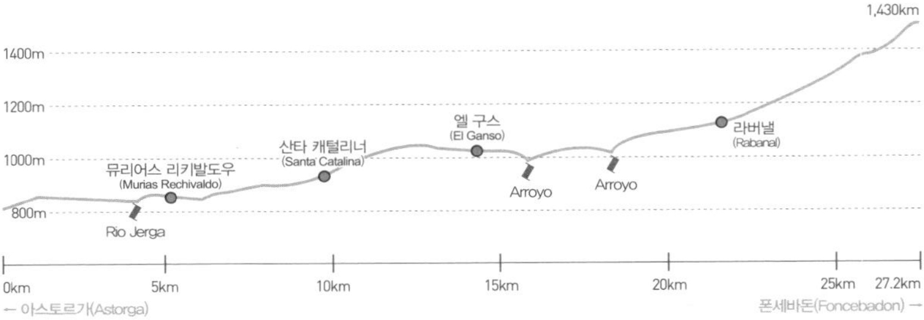

이동경로 / 27.2km

아스토르가(Astorga) – 무리아스 데 레치발도(Murias de Rechivaldo) – 산타 카탈리나 데 소모사(Santa Catalina de Somoza) – 엘 간소(El Ganso) – 라바날 델 카미노(Rabanal del Camino) – 폰세바돈(Foncebadon)

산 정상으로 올라가는 길

평지길부터 시작해 엘 간소El Ganso부터 산으로 올라가야 한다. 폰세바돈과 2일 후에 걸을 오세브로이로는 산을 올라가는 길이다. 산에서는 바람이 많이 불어서 날씨가

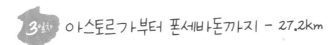

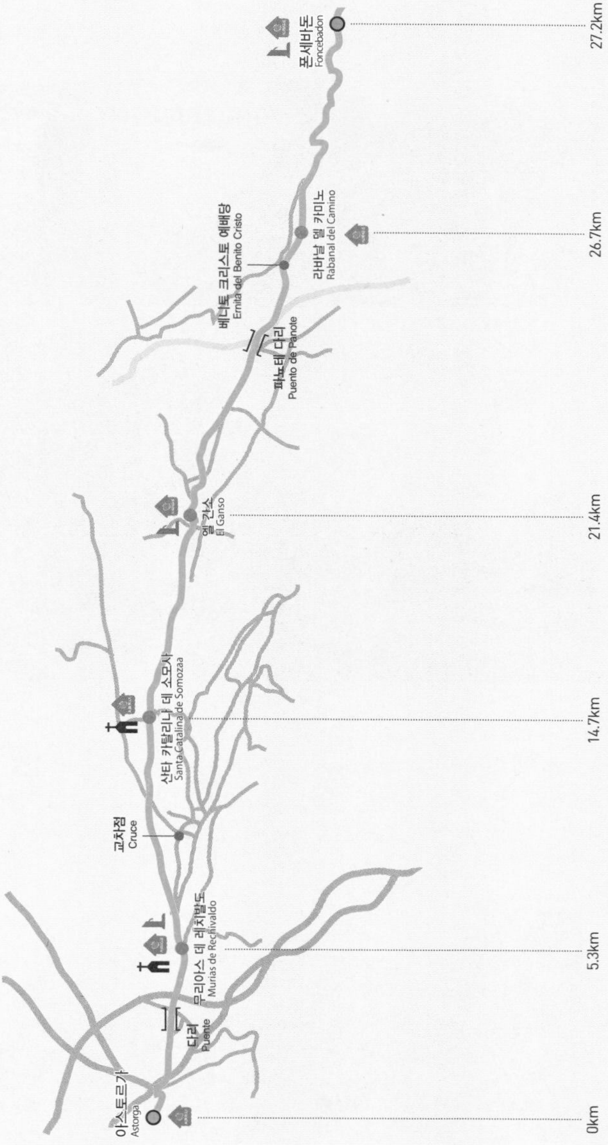
아스토르가
Astorga
0km
다리
Puente
무리아스 데 레치발도
Murias de Rechivaldo
5.3km
교차점
Cruce
산타 카탈리나 데 소모사
Santa Catalina de Somozaa
14.7km
엘 간소
El Ganso
21.4km
파노테 다리
Puente de Panote
베니토 크리스토 예배당
Ermita del Benito Cristo
라바날 델 카미노
Rabanal del Camino
26.7km
폰세바돈
Foncebadon
27.2km

좋아도 추울 수 있기 때문에 몸을 따뜻하게 만들어 주어야 한다. 비가 온다면 우의와 물을 막아줄 수 있는 등산화도 필요하다. 산에서는 음료수를 구할 곳도 없고 간식도 구입할 수 없다. 그러므로 미리 준비해서 하루를 시작해야 한다.

Tip

폰세바돈과 오세브로이로 준비

산티아고 순례길에서 산을 올라가는 지점은 첫날의 생장피드포트, 폰세바돈과 오세브로이로이다. 폰세바돈을 올라가기 전 마지막 도시는 아스토르가(Astorga)이므로 여기에서 부족한 물품을 구입해 출발하는 것이 좋다. 아스토르가(Astorga)에는 큰 마트나 등산용품 상점이 있다. 아스토르가에서 사전에 날씨 예보를 보고 준비를 할 수 있는 도시라는 점을 인식하도록 하자.

아스토르가Astorga → 무리아스 데 레치발도Murias de Rechivaldo → 산타 카탈리나 데 소모사Santa Catalina de Somoza | 14.7km

알베르게를 나와 앞으로 직진해 가면 된다. 아스토르가 대성당이 나타나면 주교의 문이 보이고 카예 산 페드로에 도착하도록 되어 있다. 평지길을 걷지만 교차로를 지나면서 포장도로 옆의 인도를 따라 간다.

A-6도로를 건너 고가다리를 건너서 걸어가면 헤르가 강을 볼 수 있다. 이 곳이 무리아스 데 레치발도이다. 이후에 카예 아Calle A에서 나오면 시골길이 나타난다. 교차로가 보이고 도로 옆으로 걸어가면 산타 카탈리나 데 소모사에 도착한다.

산타 카탈리나 데 소모사Santa Catalina de Somoza → 엘 간소El Ganso → 라바날 델 카미노Rabanal del Camino | 12km

이어지는 평지길은 도로 옆으로 이어지는 소로길이다. 성당을 지나면 오른쪽에 물건만 놓아서 산티아고 순례길 물품을 파는 상점이 보인다. 엘 간소El Ganso에서 파노테 다리Puente de Panote가 보이면 오르막길이 나타난다.

라바날에는 18세기의 베니토크리스토 예배당이 왼쪽에 보이고 오르막길로 이어지는 마을이 1,150m의 라바날 델 카미노이다. 이제부터 본격적인 산으로 올라가는 오르막길이 나오므로 바Bar에서 쉬어가도록 하자.

예배당

라바날 델 카미노Rabanal del Camino → 폰세바돈Foncebadon | 5.8km

본격적으로 산을 올라가게 된다. 잠시 포장도로도 있지만 대부분은 산을 올라가는 등산로이다. 투리엔소 계곡을 따라 엘 텔레노 산을 올라가면 카미노 표지판이 나오고, 길을 따라 가면 1,430m의 폰세바돈 산 마을이 아름답게 펼쳐진다.

Tip

폰세바돈(Foncebadon)

1,430m의 폰세바돈 산 마을은 철 십자가로 유명하지만 해지는 일몰과 해뜨는 일출이 아름답다. 또한 알베르게와 호스텔이 모여 있어서 같이 걷던 순례자들을 모두 볼 수 있다. 알베르게에서 바(Bar)를 같이 운영하기 때문에 늦은 밤까지 순례자들이 즐길 수 있도록 해준다.

드루이다(Druida) 알배르게

6명의 방, 3개를 운영하고 있다. 레스토랑을 운영하는 데 상당히 맛이 좋아서 유럽의 순례자들이 미리 예약을 하는 곳이다. 빠에야가 특히 맛있어서 점심 식사로 크게 만들어진 것을 볼 수 있다. 프런트나 레스토랑의 직원이나 주인은 모두 상당히 친절하다.

| DATE | 3

| LOCATION | 아스토르가 ···› 폰세바돈

| ONE'S TRAVEL SCHEDULE |

시 분 출발, 시 분 도착

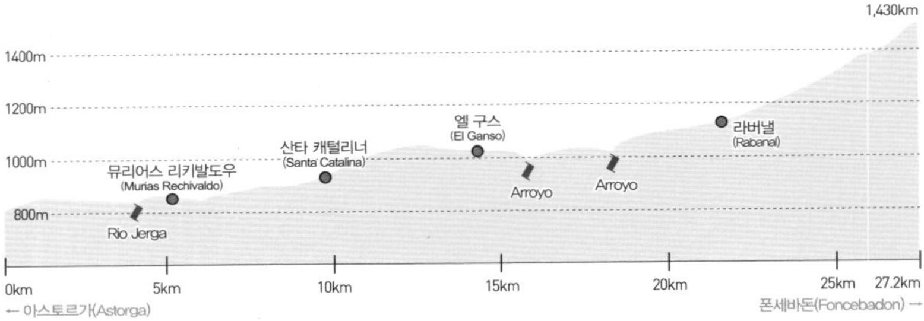

알베르게 유로(숙소 유로, 시트 유로)

도장 찍기

Fecha

4일차 폰세바돈부터 폰페라다까지 – 27.4km

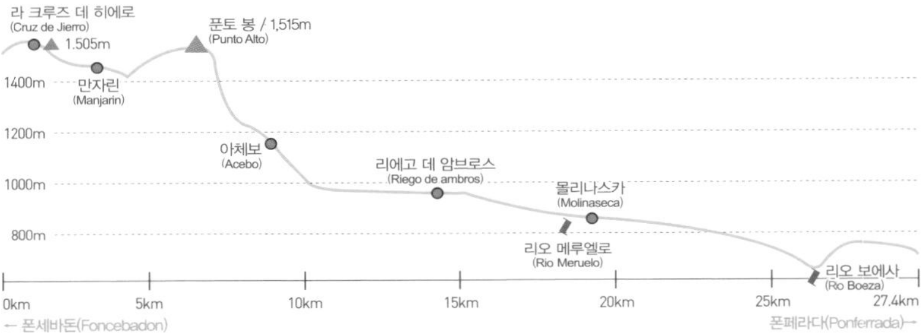

이동경로 / 27.4km

폰세바돈(Foncebadon) – 라 크루즈 데 히에로(La Cruz de Jierro) – 만하린(Manjarin) – 푼토 봉(Punto Alto) – 아세보(Acebo) – 리에고 데 암브로스(Riego de Ambros) – 몰리나세카(Molinaseca) – 폰페라다(Ponferrada)

산 정상에서 내려가는 길

산 정상에서 서서히 걸어서 폰페라다Ponferrada까지 내려가는 구간이다. 산의 날씨는 변화가 심하므로 보온유지에 신경을 써야 한다. 갑자기 비가 오는 경우도 많은데, 폰페라다까지 상당히 걷는 시간도 다른 구간보다 오래 소요된다.

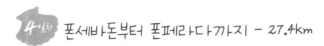

내려올 때 자갈과 돌로만 이루어진 내리막길도 많아서 천천히 내려오는 것이 중요하다. 잘못 발을 헛디디면 다칠 수 있기 때문이다. 그러므로 미리 준비해서 하루를 시작해야 한다.

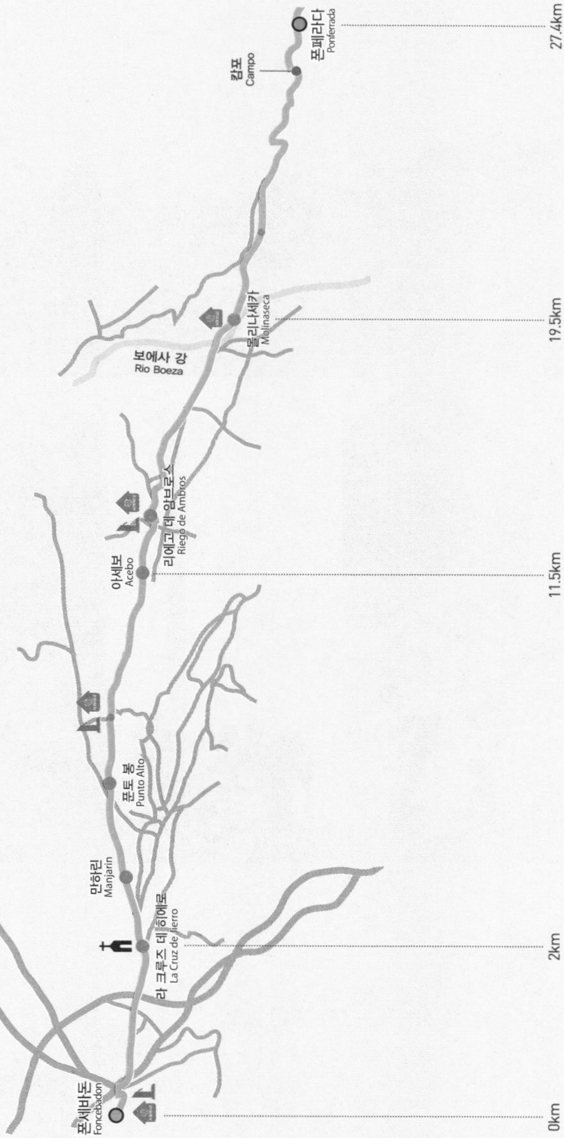
폰페라다
Ponferrada
27.4km
캄포
Campo
몰리나세카
Molinaseca
19.5km
보에사 강
Rio Boeza
리에고 데 암브로스
Riego de Ambros
아세보
Acebo
11.5km
푼토 봉
Punto Alto
만하린
Manjarin
라 크루즈 데 히에로
La Cruz de Hierro
2km
폰세바돈
Foncebadon
0km

Tip

폰세바돈의 정상에서 내려오는 준비

바람이 많이 불어서 날씨가 좋아도 추울 수 있기 때문에 몸을 따뜻하게 만들어 주어야 한다. 산에서는 음료수를 구할 곳도 없고 간식도 구입할 수 없다. 비가 온다면 더욱 우의와 등산화가 필요하다. 비가 오면 자갈이나 돌로 된 길이 상당히 미끄럽다.

폰세바돈Foncebadon → 라 크루즈 데 히에로La Cruz de Jierro | 2km

폰세바돈Foncebadon을 나오면 약간 오르막길을 올랐다가 내리막길로 이어진다. 순례자 철 십자가가 나오는 거리는 약 2㎞로 짧지만 내리막길이 본격적으로 시작되지는 않고 완만하게 내려간다.

1,505m의 십자가는 산티아고 순례길을 상징하는 장소로 순례자들은 기도도 드리고 묵념으로 돌아가신 순례자에게 예의를 취한다. 십자가 뒤로 산티아고 예배당도 있어서 일찍 폰세바돈을 출발해 기도까지 드리고 이동하는 순례자들도 많다.

Tip

라 크루즈 데 히에로(La Cruz de Jierro/순례자 철 십자가)

순례자 철 십자가는 오래전부터 순례자가 고향에서 가져온 돌을 던져 마음의 짐을 내려놓았던 곳이다. 1,505m의 철 십자가는 산티아고 순례길에 있는 십자가 중에서 가장 높이가 높은 십자가로 돌이 무덤처럼 쌓여 있는 곳 위에 있다. 십자가 주위에는 소원이나 다짐, 기도를 드리는 내용을 종이나 자갈에 적어 올려놓거나 묵주하고 같이 놓은 것들도 있다.
해가 뜨기 전에 십자가에 도착해 해가 뜨는 일출을 보는 것도 기억에 남을 것이다. 해 뜨는 장면이 상당히 아름답기 때문이다.

라 크루즈 데 히에로La Cruz de Jierro → 만하린Manjarin → 푼토 봉Punto Alto → 아세보Acebo | 9.5km

십자가 이후부터 내리막길이 산등성이를 따라 시작된다. 또한 소로길로 이어지는데 알베르게가 있는 작은 마을인 만하린Manjarin까지 쉽게 도착한다. 통신탑이 있는 폰토 봉까지 완만한 오르막길이 나오는 지점에서는 저 멀리 폰페라다가 보인다. 하지만 폰페라다가 가까울 것이라는 생각을 가지고 있다가 이동거리가 생각보다 길다는 것에 실망하는 순례자들도 많다.
푼토 봉Punto Alto부터 내리막길이 본격적으로 시작된다. 중간 중간 협곡이 있어 짧은 오르막길이 있지만 대부분은 내리막길이다. 그러나 돌로된 길은 날씨가 좋아도 이

슬이 생기면 미끄러우므로 조심해야 한다. 내리막길을 다 내려오면 전방에 마을이 보인다. 이곳에서 대부분의 순례자가 점심식사를 한다. 마을 입구에 있는 바[Bar]외에도 음식을 먹을 수 있는 곳이 많아서 입구만 고집할 필요는 없다.

Tip

아세보에서 피로 풀기

점심식사를 하면서 피로까지 풀어야 한다. 비가 오면 상당히 체력이 소모되어 다시 걷는 것도 쉽지 않다. 아세보는 평지까지 내려왔다는 것을 알려주는 마을이므로 앞으로 약간의 내리막길은 있지만 대부분은 평지길이다. 이후에 순례자들이 걷는 속도가 느려지는 경향이 있다.

La Rosa
del
Agua

VISTA PANORÁMICA

MANANTIAL

del
Bierzo
DE
VERANO

아세보Acebo → 리에고 데 암브로스Riego de Ambros → 몰리나세카Molinaseca | 8km

2차선 도로 옆으로 걷는 데, 꾸불꾸불한 도로라서 인도로 걷는 것이 안전하다. 약 2㎞ 이후에 시골길이 나오면 리에고 데 암브로스Riego de Ambros이다. 소로길과 오르막길로 이루어져 있는 2차선 도로를 걷다가 계곡 사이로 마을이 보이면 몰리나세카에 근접한 것이다.
입구에 안구스티아스 성당이 우뚝 서 있다. 메루엘로 강 위로 중세의 다리가 있고 그 위로 걸어가면서 잠시 사진을 찍고 이동하는 순례자가 많다. 마을을 가로지르는 돌길이 마을사람들이 생활을 하는 장소이다.

몰리나세카Molinaseca → 폰페라다Ponferrada | 7.9km

마지막으로 폰페라다Ponferrada로 들어가는 인도를 걷는다. 그런데 앞에는 폰페라다Ponferrada의 전경을 펼쳐져 가까울 것이라는 착각에 빠지게 된다. 또한 이곳에서 산티아고 순례길 표시가 된 구간과 소로길로 이어지는 구간으로 나누어진다.

Tip

고민의 시간

이곳에 이르면 전 세계의 순례자들은 다들 어디로 가야할지 고민을 시작한다. 의외로 시간이 많이 소요되는 오늘의 걷는 구간은 순례자들이 고민하게 만들어버린다. 그런데 안전하게 표시가 된 구간으로 걷는 것이 분쟁이 발생하지 않는 방법이다. 표시가 없는 구간을 걸으면 불안한 심리에 서로 책임을 묻고 다시 돌아 나오는 순례자들도 있다. 구글맵이 있어도 도로가 막히기도 하므로 조심히 걸어가야 한다. 그래서 결국 거리를 짧게 걷지만 도착하는 시간은 비슷하게 된다.

1. 포장도로 왼쪽으로 걸으면 시골길과 포장도로가 이어지면서 폰페라다를 돌아가게 된다.
2. 시골길로 이루어진 지름길(약 1.5km 짧음)이지만 표시가 없어서 헤맬 수 있다.

보에사 강[Rio Boeza]위로 마스카론 다리[Puente Mascaron]를 건너 철로를 건너면 카스티요에 도착한다. 시내로 들어가시 전 오른쪽에 산 니콜라스 데 플루에 알베르게를 볼 수 있다.

산 니콜라스 데 플루에(San Nicholras de Flue) 알베르게

공립 알베르게로 기부로 운영이 되는 알베르게이다. 그런데 항상 운영이 힘들어서 기부금을 반드시 걷기 위해 강압적으로 기부를 요구하기도 한다. 차라리 공립 알베르게 숙박비인 5€를 기부하면 편한 마음으로 지낼 수 있다.

8~12명의 방을 운영하고 있는데 조리실이 있지만 코로나 바이러스로 인해 사용은 금지되어 있다. 알베르게 오른쪽으로 주유소 안에 큰 마트가 있어서 필요한 물품이나 식사는 다 구입이 가능하다.

| DATE | 4

| LOCATION | 폰세바돈 ···› 폰페라다

| ONE'S TRAVEL SCHEDULE |

시　　분 출발,　　시　　분 도착

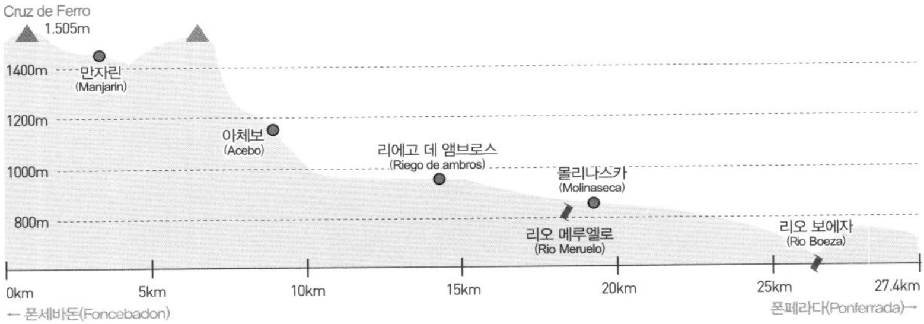

알베르게　　유로(숙소　　유로, 시트　　유로)

도장 찍기

Fecha

5일차 폰 페라다에서 비야프랑카 델 비에르소까지 - 25.4km

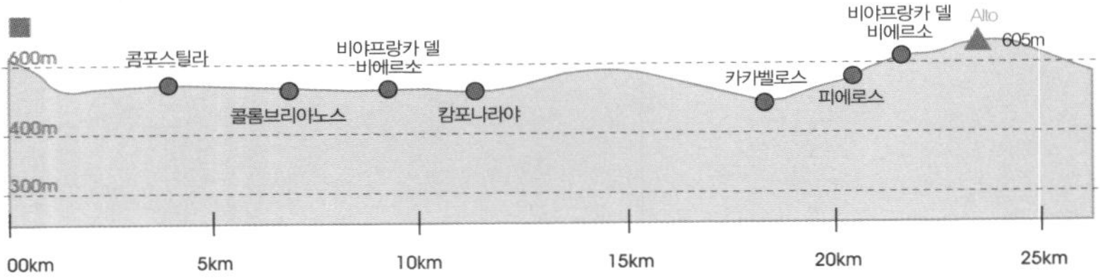

이동경로 / 25.4km

폰 페라다(Ponferrada) – 콜롬브리아노스(Columbrianos) – 캄포나라야(Camponaraya) – 카카벨로스(Cacabelos) – 피에로스(Pieros) – 비야프랑카 델 비에르소(Villafranca del Bierzo)

평지 (오르막길 거의 없음)

폰 페라다에서 산티아고 데 콤포스텔라까지는 약 220km가 남아 있다. 거리가 짧아질수록 무리하게 걷는 일이 발생하므로 자신의 페이스대로 걷는 것이 중요하다. 다행히 폰 페라다에서 카카벨로스Cacabelos까지는 거의 평지길이어서 걷기는 어렵지 않지만 마지막 비야프랑카 델 비에르소Villafranca del Bierzo까지 남은 5km가 오르막이라 힘들다.

폰 페라다에서 처음 시작하는 순례자들은 도시를 가로질러 가기 때문에 길을 잘

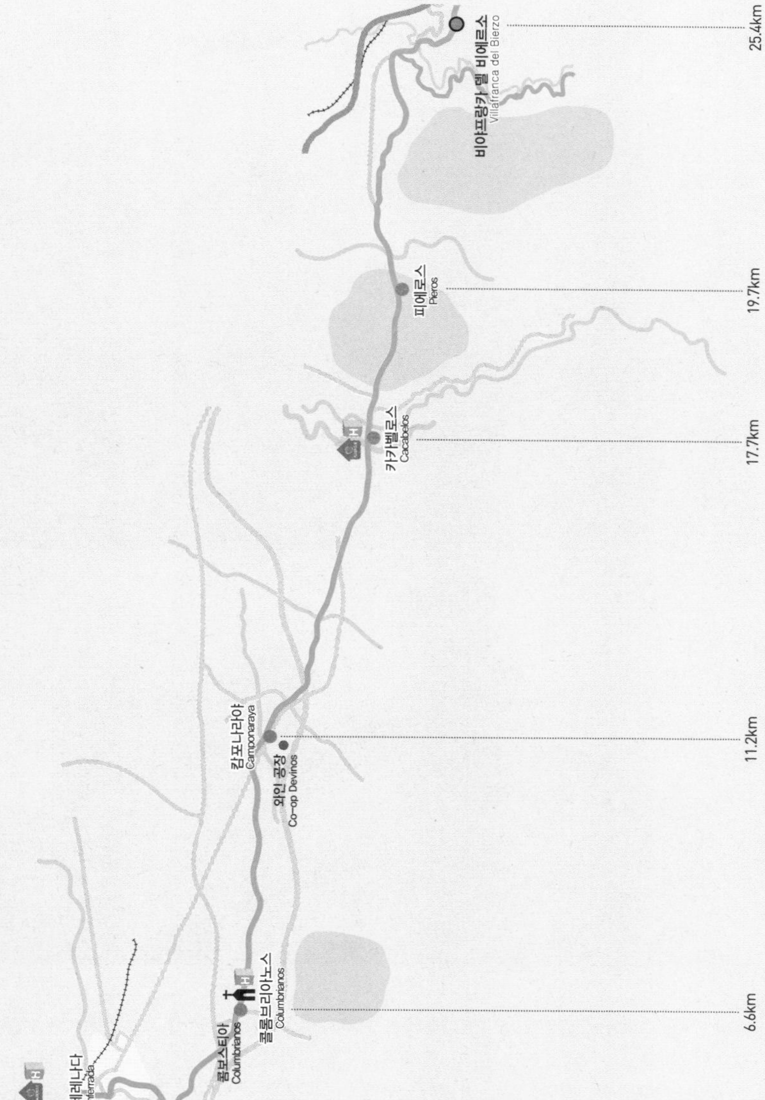
폰페라다
Ponferrada
콤포스티아
Columbrianos
콜롬브리아노스
Columbrianos
캄포나라야
Camponaraya
와인 공장
Co-op Devinos
카카벨로스
Cacabelos
피에로스
Pieros
비야프랑카 델 비에르소
Villafranca del Bierzo
0km
6.6km
11.2km
17.7km
19.7km
25.4km

따라 가는 지 확인하면서 이동해야 한다. 폰 페라다는 작은 도시이지만 순례길을 걸으면서 앞으로 남아 있는 도시 중에 사리아와 함께 가장 큰 도시이기도 하다. 캄포니라야Camponaraya에 있는 와인 공장에 들러 구경을 하고 싶다면 1시간 정도는 지체된다는 것도 생각하고 걸어야 한다.

폰 페라다Ponferrada → 콜롬브리아노스Columbrianos | 6.6km

알베르게를 나와 걸으면 산 안드레스 성당이 있고 이어서 템플기사단 성을 지나게 된다. 12세기에 지어진 큰 성으로 보수작업을 거쳐 볼만하다. 성의 입구에서 보면 신시가지가 보이는 데 상당히 큰 길을 따라 노란색 표시를 보면서 걸으면 어렵지 않게 도시를 나갈 수 있다.

다만 노보 호텔을 따라 걷다가 N-VI의 밑 터널을 지나 길을 걸어야 산 블라스 성당이 나오므로 조심하자. 콜롬브리아노스 마을까지 포장도로를 걷기 때문에 지루할 수도 있지만 조그만 마을을 보면서 재미를 찾아보는 것도 좋다. 콜롬브리아노스 마을의 산 로케 예배당은 작은 상당이다.

콜롬브리아노스Columbrianos → 캄포나라야Camponaraya → 카카벨로스Cacabelos | 11.1km

포장 도로를 따라 걷다가 성 그리스도 예배당이 나오는데 푸엔테스 누에바스Fuentes Nuevas이다. 캄포나라야Camponaraya에 있는 와인 공장은 저렴하게 와인을 즐길 수 있지만 와인을 구입하는 것은 신중해야 한다. 병과 함께 액체의 와인은 순례자의 짐 무게만 증가시킬 수 있기 때문이다. 점심 식사도 이곳에서 조금의 와인과 함께 먹고 출발하는 것이 좋다. 카카벨로스Cacabelos까지 먹을 곳이 의외로 많지 않다.

고가다리는 A- 6의 길로 이어지고 내리막길을 따라 길을 걸어간다. 쿠아Rio Cua 강을 건너면 성당에 있는 알베르게만 보인다.

카카벨로스 Cacabelos → 피에로스 Pieros → 비야프랑카 델 비에르소 Villafranca del Bierzo | 7.7km

평지만 이어지는 피에로스 Pieros 마을을 지나면 언덕에 다다른다. 포장도로를 따라 왼쪽으로 돌아가면 포도밭이 보인다. 의외로 돌길이어서 걷는 것이 쉽지는 않다. 언덕을 오르내리기를 반복하면 이제 오르막길이 이어지는 비야프랑카 델 비에르소 Villafranca del Bierzo로 이어진다.

마을에 도착하면 공립 알베르게가 있고 산티아고 성당과 델 비에르소 성이 보인다. 공립 알베르게의 시설는 않지만 운치는 있는 알베르게이다. 마을 중심으로 이동하면 카르푸가 있으니 필요한 먹거리나 물품을 구입하면 된다.

비야프랑카 델 비에르소(Villafranca del Bierzo) 공립 알베르게

마을의 초입에 있는 알베르게는 반갑게 느껴진다. 하지만 다음날 출발하여 걷는 거리가 늘어나기 때문에 그리 반가워만 할 일은 아니다.

오래된 건물에 있는 알베르게는 조금씩 수리만 하지 전면적인 보수는 없었기 때문에 다른 알베르게 보다는 시설이 좋지 않다. 겨울에는 특히 난방이 잘 안되기 때문에 침낭이 필요할 수도 있다. 그러나 오래된 시설이 지니는 낭만적인 분위기는 상당히 마음에 든다.

PUERTA
DEL
PERDÓN
IGLESIA
DE
SANTIAGO

| DATE | 5

| LOCATION | 폰 페라다 ···› 비야프랑카 델 비에르소

| ONE'S TRAVEL SCHEDULE |

시 분 출발, 시 분 도착

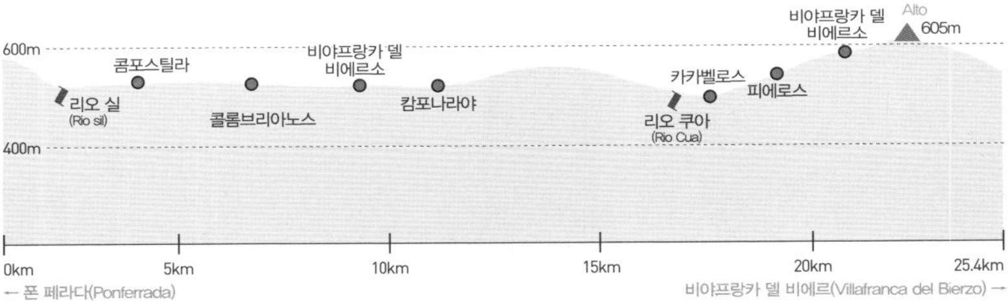

알베르게 유로(숙소 유로, 시트 유로)

도장 찍기

Fecha

6일차 비야프랑카 델 비에르소에서 오 세브레이로까지 – 28.8km

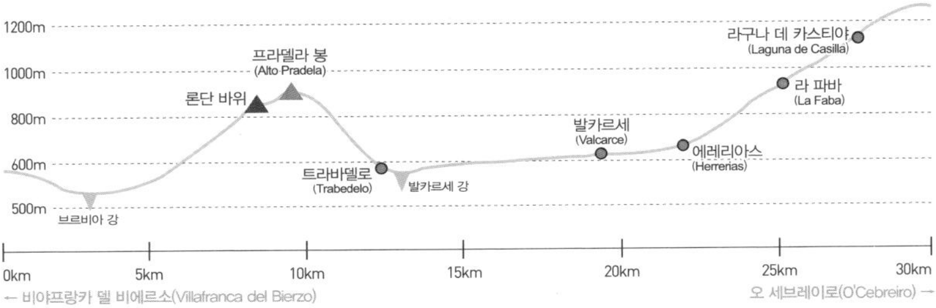

이동경로 / 28.8km

비야프랑카 델 비에르소(Villafranca del Bierzo) – 부르비아 다리(Puente de rio Burbia) – 트라바델로(Trabadelo) – 베가 데 빌카르세(Vega de Valcarce) – 루이텔란(Ruitelan) – 에레리아스(Herrerias) – 라 파바(La Faba) – 라구나 데 카스티야(Laguna de Castilla) – 오 세브레이로(O'Cebreiro)

오르막길 (지속적인 오르막길)

200㎞의 남은 길 중에 가장 힘든 길일 것이다. 길도 N–VI 도로를 걸으면서 A–6고속도로가 완공되면서 통행량이 줄어들기는 했지만 빠르게 이동하는 차량도 조심해야 한다. 오르막길도 단순한 오르막길이 아니라 1,330m의 산을 올라가야 하기 때문에 걷는 시간도 오래 걸린다.

Tip

미리 판단하자!

걷는 거리도 28.8㎞가 넘기 때문에 이동하는 시간도 상당히 오래 걸린다. 아침 일찍 출발해 걸어야 밤늦게 산을 넘어가는 상황을 막을 수 있다. 늦게 출발을 했다면 25㎞ 지점에 있는 라 파바(La Faba) 알베르게에서 하룻밤을 보내고 다음날 일찍 오 세브로이로(O'Cebreiro)로 출발하는 것을 추천한다.

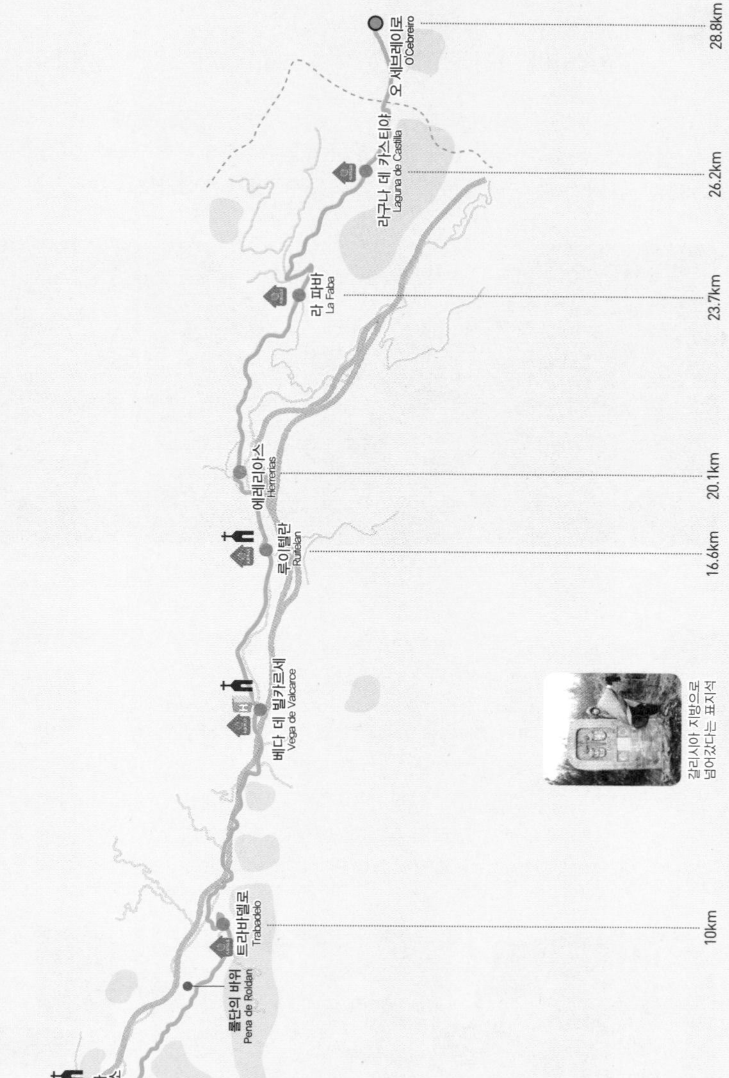

갈리시아 지방으로 넘어갔다는 표지석

비야프랑카 델 비에르소Villafranca del Bierzo → 부르비아 다리Puente de rio Burbia → 트라바델로Trabadelo | 10km

발카르세Valcarce 강을 건너면 교차로가 나오는 데 인도를 따라 페레헤로 걸어간다. N-VI을 건너서 트라바델로 마을에 도착하게 된다. 다만 도로가 평지이지만 포장도로라서 무릎에 무리가 될 수 있으므로 조절을 하면서 걸어가도록 하자.

트라바델로Trabadelo → 베가 데 빌카르세Vega de Valcarce → 루이텔란Ruitelan → 에레리아스Herrerias | 10.1km

대체 루트 2번을 따라 가면 순례자들이 만나게 된다. 카페와 호스텔이 있는 트라바델로에서 지내는 순례자도 있다. 하지만 주도로인 N-VI과 만났다 헤어졌다를 반복한다. 왼쪽 산등성이를 따라 길을 걸어가면 산 후안 성당이 나온다. 베가 데 빌카르세Vega de Valcarce에서부터 오르막길이다. 에레리아스는 705m로 언덕길로 올라가고 있다면 이제부터 힘든 길이 시작되었다고 판단하면 된다.

에레리아스Herrerias → 라 파바La Faba → 라구나 데 카스티야Laguna de Castilla | 6.1?km

마을을 지나가면 아스팔트로 된 오르막길을 걷는다. 계곡을 지나 920m까지는 첫 번째 가파른 오르막길이 힘이 든다. 각자 힘을 비축하면서 천천히 걸어가야 한다. 앞으로 더 힘든 길을 걸어가는 데 이른 시점부터 무리를 할 필요가 없다.

라 파바La Faba를 지나면 본격적인 숲길이다. 날씨가 맑다면 걷기가 쉽고 풍경도 아름답지만 비가 온다면 풍경을 볼 시간도 없이 걷기만 집중해야 한다. 라구나 데 카스티야Laguna de Castilla는 1,150m의 높이에 있다.

라구나 데 카스티야Laguna de Castilla → 오 세브레이로O'Cebreiro | 2.6km

갈리시아 지방의 시작은 오 세브레이로O'Cebreiro이다. 산티아고 순례길의 마지막 지방으로 들어가는 곳이지만 가파른 길이 이어지기 때문에 힘에 부칠 수 있다. 되도록 휴식을 많이 취하면서 마지막 지점인 성당으로 걸어가야 한다. 알베르게는 서쪽에 있는 공립 알베르게가 유일하다.

오 세브레이로(O'Cebreiro)

오 세브레이로O'Cebreiro는 고지대에 있는 아름다운 마을이다. 하지만 대부분은 힘들게 도착하여 피곤한 몸은 잠으로 이끌게 된다. 9세기에 만들어진 산타 마리아 성당과 노란색 화살표를 처음으로 사용한 삼페드로의 흉상이 있는 박물관이 볼만하다.

공립 알베르게

오 세브레이로O'Cebreiro 공립 알베르게는 유일한 알베르게라서 일행과 함께 순례길을 걷는다면 대신 예약을 해주고 싶기도 하다. 하지만 다른 일행을 대신 예약하기도 힘들고 개인마다 직접 가서 숙박해야 한다. 가끔씩 여름에는 알베르게에서 숙박을 못하는 경우도 발생한다. 따뜻한 물로 샤워를 할 수 있고 규모도 제법 크기 때문에 순례자들은 이곳에서 만날 수 있다.

Tip

날씨를 반드시 확인하자.

오 세브로이로에 올라가는 시골길을 진흙으로 뒤덮이는 경우가 많다. 특히 봄이나 겨울에는 비가 자주 내리기 때문에 걷기가 상당히 불편하고 미끄러지는 경우가 허다하다. 사전에 날씨를 확인하고 비가 온다면, 비가 내린 이후라면 가지고 있는 짐을 서비스로 다음 알베르게로 옮기고 걷는 것도 하나의 방법이다.

| DATE | 6

| LOCATION | 비야프랑카 델 비에르소 ⋯→ 오 세브레이로

| ONE'S TRAVEL SCHEDULE |

시 분 출발, 시 분 도착

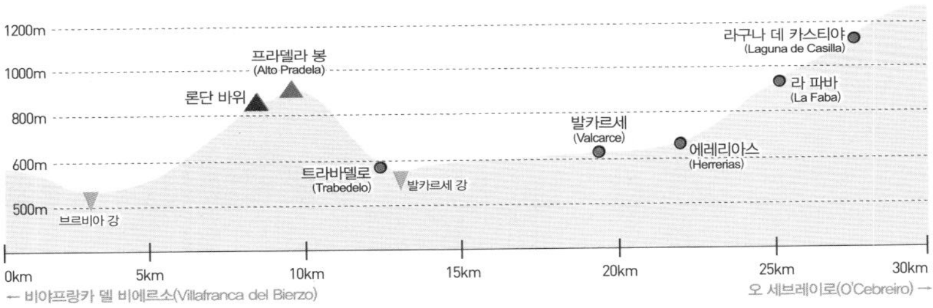

알베르게 유로(숙소 유로, 시트 유로)

도장 찍기

Fecha

7일차 오 세브로이로에서 트리아카스텔라까지 - 20.7km

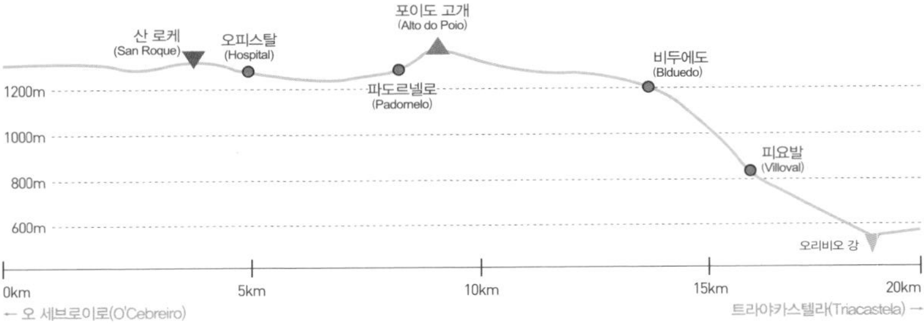

이동경로 / 20.7km

오 세브로이로(O'Cebreiro) – 포요 고개(Alto de Poio) – 비두에도(Biduedo) – 트라야카스텔라(Triacastela)

평지 길 (내리막길에서 더 다칠 수 있다.)

오 세브로이로까지 왔다면 이제 산을 오르는 오르막길이 없다. 그런데 포요 고개 Alto de Poio를 오르는 언덕은 힘들다. 더군다나 길을 걸은 지 얼마 안 되는 시간에 고개가 나오기 때문에 더 힘들게 느껴진다. 고개 정상에 있는 바Bar에서 잠시 쉬었다가 내리막길을 걸으면 된다. 어제보다 거리도 짧기 때문에 급하게 걷지 말고 천천히 풍경을 감상하면서 걷는 것이 좋다.

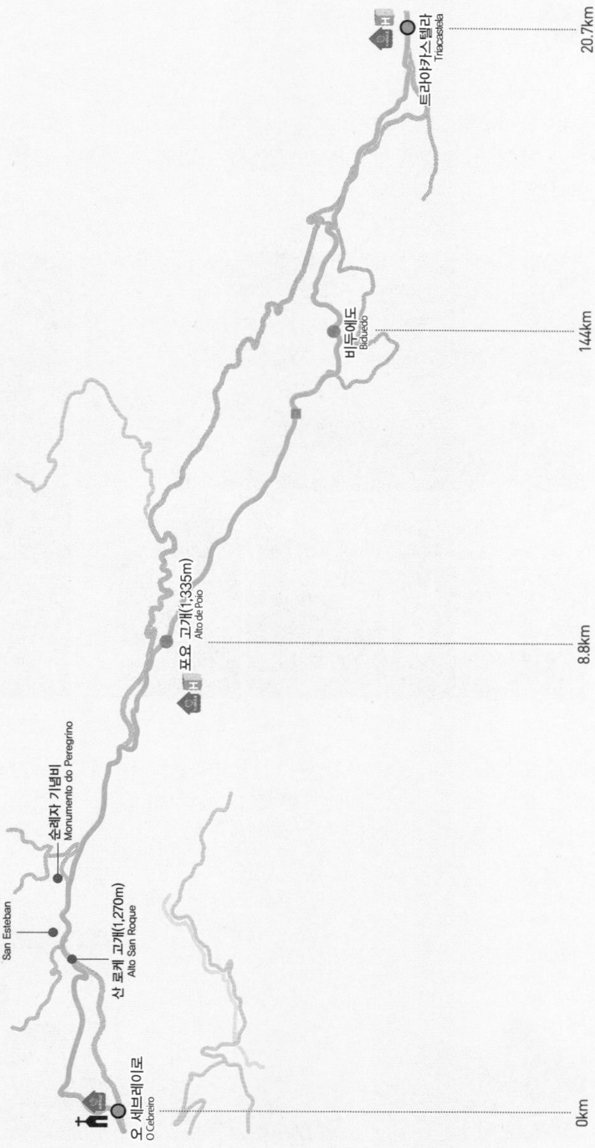
오 세브레이로
O Cebreiro
산 로케 고개(1,270m)
Alto San Roque
산 에스테반
San Esteban
순례자 기념비
Monumento do Peregrino
포요 고개(1,335m)
Alto de Poio
비두에도
Biduedo
트라이카스텔라
Triacastela
0km
8.8km
144km
20.7km

오 세브로이로O'Cebreiro → 포요 고개Alto de Poio | 8.8km

알베르게에서 나와 왼쪽으로 걸어가면 평지라 걷기에 편하다. 리나레스 마을이 나오면 이제부터 오르막길이 시작된다. 산 로케 고개Alto San Roque에까지 오르막길인데 쉽지 않다. 정상에 도착하면 큰 순례자 기념물이 있으니 쉬었다가 가는 것을 추천한다.

지방 도로를 걸어가다가 나오는 작은 오솔길을 걷다가 오르막길이 나오면 이제 마지막 오르막길인 포요 고개(1,335m)까지 쉼없이 올라가야 한다. 정상에는 노부부와 아들이 운영하는 카페가 있다. 쉬면서 커피를 마시거나 요기를 하고 출발하는 것이 좋다.

Tip

푸에르토(Puerto 카페)

노부부와 아들이 운영하는 카페로 심하게 오르막길을 걷기가 쉽지 않은 데 정상에 카페가 있어 너무 반갑다. 카페에서 쉬면서 커피를 마시거나 간단하게 요기를 하고 출발하는 것이 좋다. 할머니는 사람들을 좋아하고 이야기를 나누고 싶어 한다.

포요 고개Alto de Poio → 비두에도Biduedo | 5.8km

이제부터 평지와 내리막길이 시작된다. 체력적으로 힘든 길이 아니어서 편하게 걷다가 내리막길에서 발목을 다치는 경우도 발생하므로 조심히 걸어야 한다. 포장도로가 아닌 시골의 흙길을 걸으면 '차가운 샘물'이라는 뜻의 폰프리아 마을로 들어서는 데 이곳이나 비두에도Biduedo에서 점심을 먹고 이동하는 것도 좋은 방법이다. 점심을 먹고 천천히 이동하면 작은 성당이 나오는 데 이곳이 비두에도Biduedo이다. 아직은 고도가 1,200m이기 때문에 내리막길을 계속 걸어가야 한다.

비두에도Biduedo → 트라야카스텔라Triacastela | 6.3km

목가적인 평지나 내리막의 시골길을 걸어간다. 1,200m의 높은 곳에서 보는 전망도 아름답다. 평지는 그나마 괜찮지만 내리막길은 돌이 많아서 자칫 발목의 부상도 발생하니 조심히 걸어가야 한다.

아이라 도 카미노 바Bar Aria de Camino가 나오면 휴식을 취하면 지방 국도가 보인다. 양쪽의 나무들이 줄지어 서 있는 모습은 시골길의 낭만을 선사한다. 18세기 3개의 성당이 있는 트라야카스텔라Triacastela는 석회석이 풍부해 채석장으로 사용하기도 했다.

알베르게

트라아카스텔라Triacastela에는 3개의 알베르게가 있다. 마을의 입구에 있는 알베르게는 작은 마트와 함께 있어 편리한 장점이 있고 다른 2개의 알베르게는 시설이 조금 더 좋다는 장점이 있다. 여름에는 알베르게를 구하는 것이 쉽지 않지만 10월 말부터는 알베르게에 순례자들이 없으므로 쉽게 숙박할 수 있다.

| DATE | 7

| LOCATION | 오 세브레이로 ⋯› 트라야카스텔라

| ONE'S TRAVEL SCHEDULE |

시 분 출발, 시 분 도착

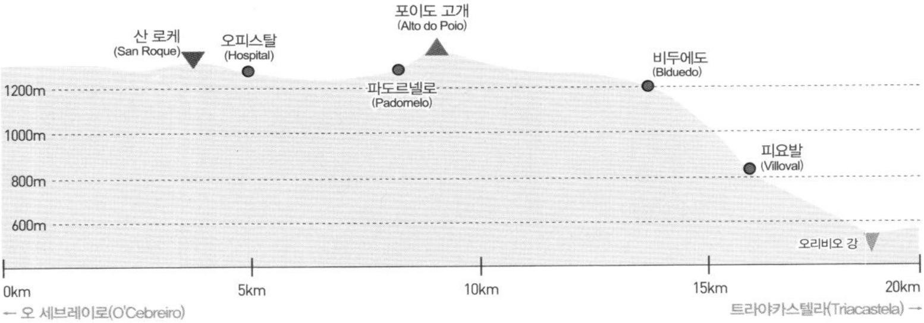

알베르게 유로(숙소 유로, 시트 유로)

도장 찍기

Fecha

8일차 트리아카스텔라에서 사리아까지 - 25km

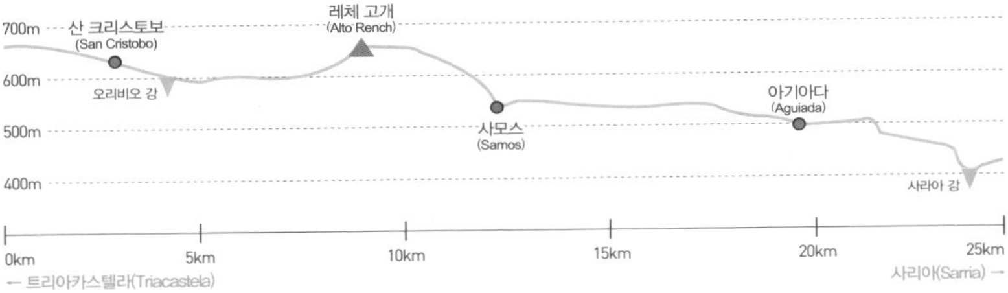

이동경로 / 25km

트리아카스텔라(Triacastela) – 산 크리스토보(San Cristobo) – 사모스(Samos) – 다리(Puente) – 아기아다(Aguiada) – 사리아(Sarria)

평지 길 (전체적으로 평이한 길)

트리아카스텔라Triacastela에서 사모스Samos로 이동하는 루트는 2가지(남쪽 루트 / 산 실을 경유하는 북쪽 루트)이다. 대부분의 순례자들은 남쪽 루트를 따라 이동한다. 북쪽 루트는 거리는 6.㎞가 더 짧지만 험난하다. 그래서 포장도로인 남쪽 루트를 따라 길을 걸어간다.

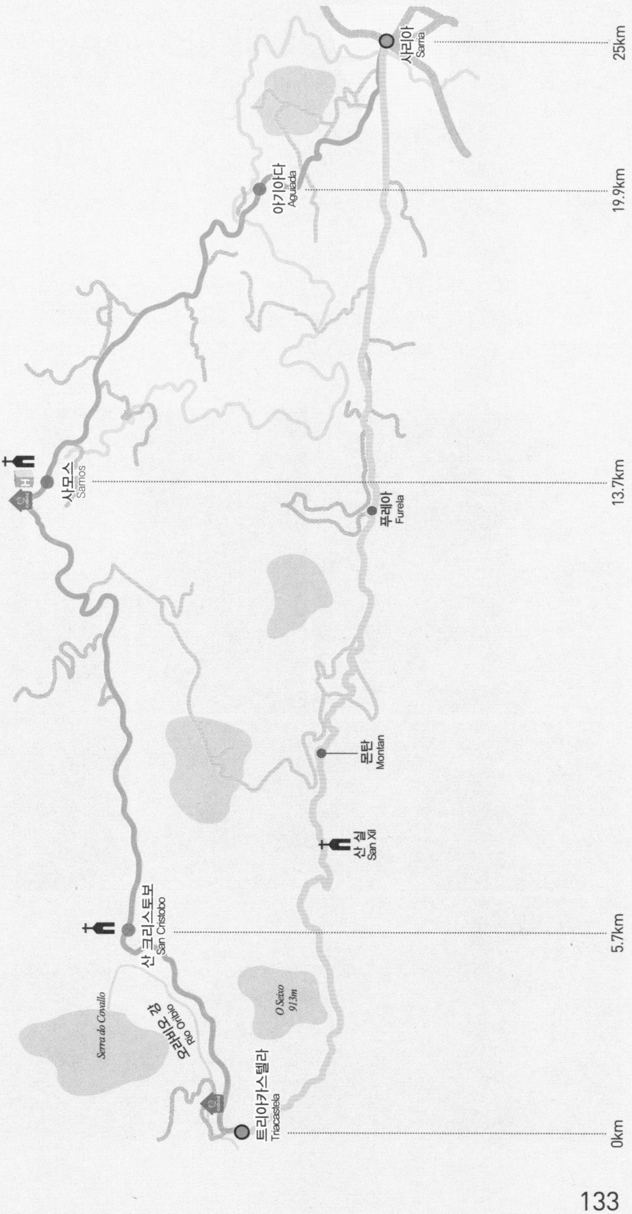
트리아카스텔라
Triacastela
0km
오리비오 강
Rio Oribio
Serra do Covallo
O Seixo
913m
산 크리스토보
San Cristobo
5.7km
산 실
San Xil
몬탄
Montan
푸레아
Furela
사모스
Samos
13.7km
아기아다
Aguiada
19.9km
사리아
Sarria
25km

오리비오 강Rio Oribio의 숲길을 따라 11.7㎞를 걸어가면 사모스에 도착하는 데 스페인에서 가장 오래된 수도원이 있는 곳이다. 사모스에서 점심을 해결하고 쉬었다가 사리아까지 걸어가면 된다. 대부분 차량도로의 옆으로 걸어가기 때문에 차량을 조심해야 한다.

트리아카스텔라Triacastela → 산 크리스토보San Cristobo(남쪽 루트) | 5.7km

사모스까지 걸어가려면 오리비오 강Rio Oribio을 따라 산 크리스토보로 이동해야 한다. 포장도로와 흙길이 적절하게 조화된 길을 걸으면 스페인 북부의 시골 풍경을 알 수 있을 것이다. 방앗간과 물소리가 걷는 순례자에게 마음의 평화를 느끼게 한다.

산 크리스토보San Cristobo → 사모스Samos | 6km

시골길과 강줄기가 이어지는 데, 풍경은 아름답다. 특히 오전에는 안개가 자주 끼기 때문에 도로가 미끄러울 수도 있다. 오르막길을 올라가다보면 도로 아래로 작은 터널이 있고 시골길이 나온다. 사모스 마을에 도착하면 수도원이 중앙에 있어 어디서나 수도원을 둘러볼 수 있다. 수도원 옆으로 카페와 바Bar가 있어서 그중에서 선택해 점심 식사를 하면 된다.

사모스 바(Samos Bar)

사모스 전에는 먹을 곳이 별로 없으므로 출발하기 전에 간단한 초콜릿이나 요기거리를 준비하는 것이 필요하다. 수도원 옆으로 카페(Cafe)나 바(Bar)들이 이어져 있다. 대부분 같은 메뉴와 커피 맛도 비슷하여 어느 곳이든 가까운 곳으로 선택하면 될 것이다.

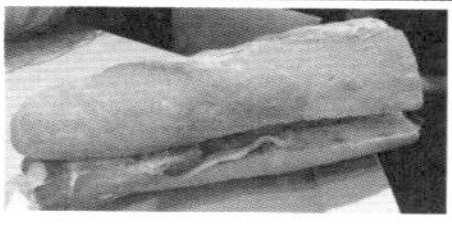

사모스Samos → 다리Puente → 아기아다Aguiada | 8.2km

도로를 벗어나면 짧은 오르막길이 나온다. 강 옆으로 이어진 길을 따라 아비호Aldea de Abaja로 도착하면 다리가 나온다. 아기아다Aguiada에 도착하면 북쪽 루트(산실 루트)로 이동한 순례자와 만나게 된다. 이 길은 평지가 이어지는 지루한 길이기 때문에 동반자가 있으면 걷는 데 도움이 된다.

Tip

북쪽 루트(산실 루트)

최근에는 순례자들이 가지 않는 루트이지만 원래 있는 루트이고 흙길로 이루어진 시골길이라 선택하는 순례자들도 있었다. 트라야카스텔라(Triacastela)에서 오른쪽으로 걸어가면 발사(3㎞)를 거쳐 산실(4.5㎞)를 따라 오르막길이라 평지로 이루어진 남쪽 루트를 선호하는 순례자들이 대부분이었다. 점차 흙길이 포장도로로 바뀌면서 흙길이라는 이미지도 사라지고 있다. 아기아다(Aguiada)에서 남쪽 루트와 만나게 된다.

아기아다Aguiada → 사리아Sarria | 5.1km

마지막 남은 5.1㎞이지만 나름 큰 도시인 사리아Sarria로 들어가려면 시간이 소요된다. 한 동안 시골길이 이어지지만 산 페드로 데 카미노San Pedro de Camino, 카르바얄Carballal의 포장도로를 지나면 사리아Sarria로 들어가게 된다. 사리아Sarria는 마을이 아니라 도시 정도의 규모이므로 화살표와 표지판을 보며 이동해야 길을 잘못 들어가지 않는다.

Tip

마지막 110km의 도시, 사리아(Sarria)

사리아부터 산티아고 순례길의 마지막 도시인 산티아고 데 콤포스텔라까지 110㎞이다. 마지막 110㎞를 걸어가 순례자 완주증을 받을 수 있기 때문에 가장 많은 순례자가 머물게 된다. 현실적으로 성인들이 오랜 시간동안 순례길을 걷기가 힘들기 때문에 폰 페라다나 사리아로 들어온다. 기차나 버스를 타고 사리아에 도착하여 4~5일 동안 걸으면 된다.
알베르게는 4개 정도가 있지만 다음날 이동을 위해서는 사리아의 마지막 부분에 있는 알베르게에서 숙박을 하는 것이 편리하다.

알베르게

사리아 알베르게는 규모는 크지 않다. 시설도 중급정도이다. 그래서 6개의 사립알베르게가 공립알베르게가 수용하지 못하는 순례자들을 도와주고 있다.

1층에 세탁기와 식탁들이 있고 입구에는 알베르게를 관리하는 인상이 좋은 할아버지가 순례자들을 도와주고 있다. 2층에 30개의 침대로 이루어진 룸이 있다. 간혹 겨울에 난방이 안 되니 미리 난방을 요청해야 한다.

Sarria
Turismo
BENVIDOS
BIENVENIDOS
WELCOME
BIENVENUS
BENVENUTI
WILLKOMMEN
BEM-VINDOS

| DATE | 8

| LOCATION | 트라야카스텔라 ···› 사리아

| ONE'S TRAVEL SCHEDULE |

시 분 출발, 시 분 도착

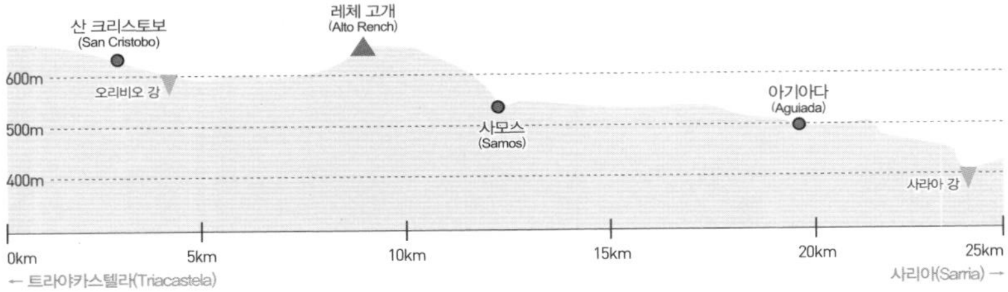

알베르게 유로(숙소 유로, 시트 유로)

도장 찍기

Fecha

9일차 사리아부터 포르토마린까지 - 22.9km

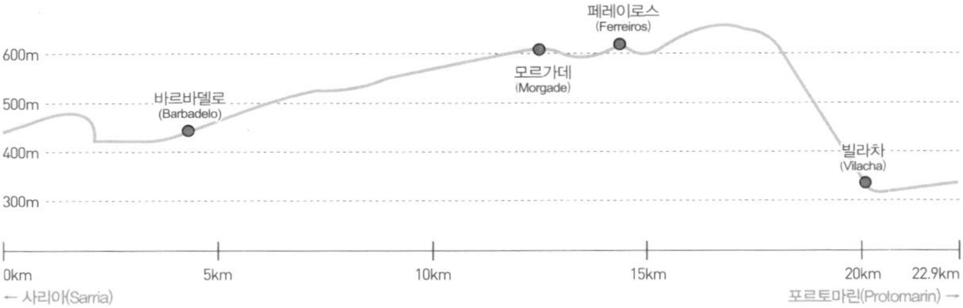

이동경로 / 22.9km

사리아(Sarria) – 바르바델로(Barbadelo) – 모르가데(Morgade) – 빌라차(Vilacha) – 포르토마린(Portomarin)

처음 오르막길을 빼면 평지 길 (전체적으로 평이)

사리아 성당에서 직진으로 가면 순례자의 길이 시작된다. 도시를 벗어날 때 어두운 아침이라면 길을 혼동할 수 있다. 오른쪽으로 돌아가는 작은 다리를 건너야 한

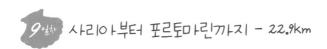

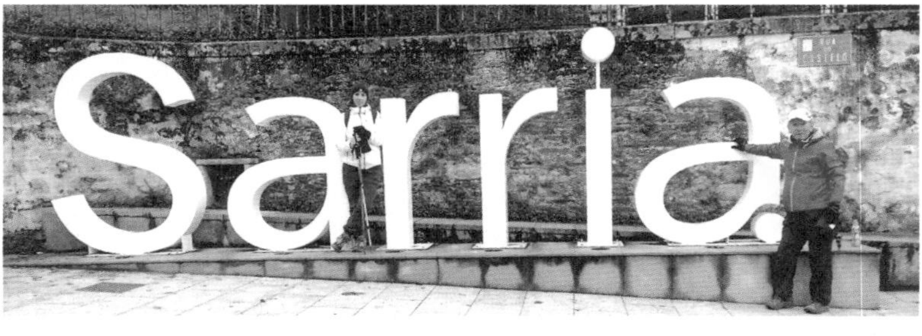

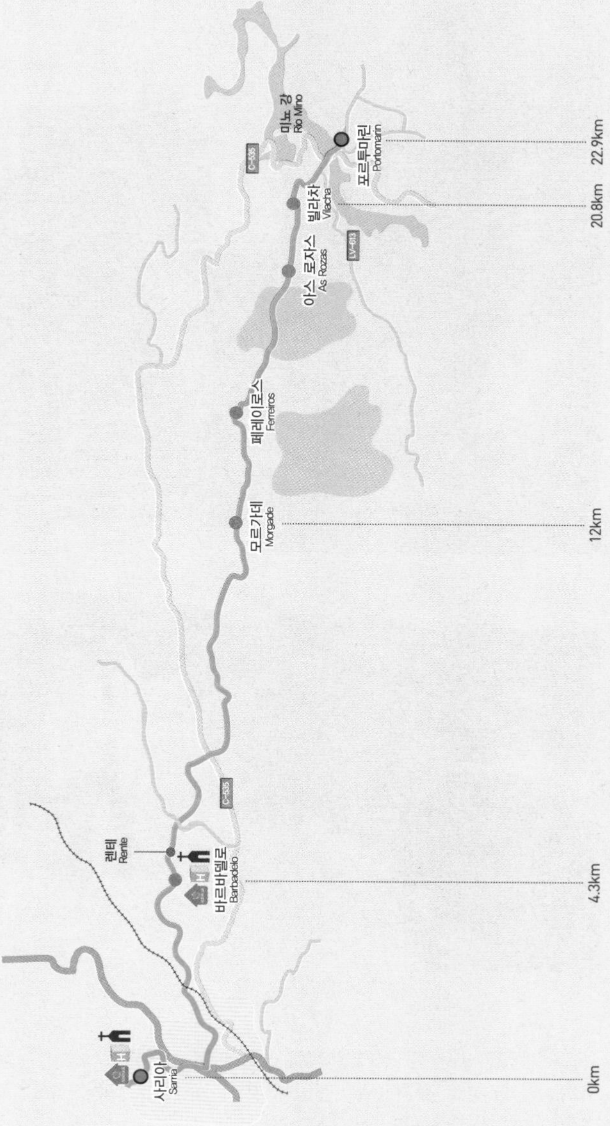
사리아
Sarria
0km
렌테
Rente
바르바델로
Barbadelo
4.3km
C-535
모르가데
Morgade
12km
페레이로스
Ferreiros
아스 로자스
As Rozas
빌라차
Vilacha
20.8km
LV-613
포르투마린
Portomarín
22.9km
C-535
미뇨 강
Río Miño

다. 위로 직진하면 안 되니 처음에 노란색 화살표를 잘 보고 이동하도록 하자. 포르토마린까지 미로 같은 좁은 길, 내리막길, 오솔길, 포장도로를 지나며 노란 화살표를 잘 보고 가야 길을 놓치지 않는다.

Tip

110km 순례자를 위한 조언

사이아(Sarria)에는 중심가인 "루아 마이오르"가 있다. 작지만 산티아고를 가는 110km안에서는 작지 않은 도시라는 사실을 알게 된다. 기차역에서 나오면 택시들이 서 있고 오른쪽으로 걸어 올라가면 성당과 예배당, 알베르게가 모여 있다. 겨울을 제외하고는 버스와 기차를 타고 순례자들이 많이 들어오기 때문에 사리아(Sarria)에 있는 알베르게는 상당히 북적인다.

마드리드(Madrid)에서 사리아(Sarria)로 이동해 걷는 110km 순례자들은 약 4~5일 정도 걸어서 산티아고 데 콤포스텔라로 들어간다. 짧은 시간에 110km를 걷기 때문에 부족한 물품들은 사리아Sarria에 도착하면 사서 이용하면 된다.

사리아에 저녁에 도착하면 알베르게로 이동하여 알베르게에서 크레덴시알, 즉 순례자여권을 만들어 지나가는 곳마다 도장을 받아야 한다. 110km부터 걷는 순례자들은 하루에 도장을 최소 2개 이상씩 받아야 한다. 너무 도장의 개수가 적으면 그래서 아침, 점심, 저녁 식사를 하기위해 바(BAR)나 카페에 간다면 도장을 받도록 하자. 그래야 산티아고 순례자 사무소에서 순례자 완주를 했다고 인정해 준다.

사리아Sarria → 바르바델로Barbadelo | 4.3km

사리아Sarria에서 벗어나 시골길로 들어가는 지점은 노란색 화살표를 잘 보고 이동해야 한다. 왼쪽으로 돌아가면 노란색 화살표가 없어지므로 이동지점을 확인하고 이동하자. 110km시작시점은 오른쪽으로 돌아가는 작은 다리를 건너야 한다. 위로 직진하면 안 되니 처음에 노란색 화살표를 잘 보고 이동하도록 하자. 오른쪽 다리 옆으로 110km 표지석이 서 있다.

시골길로 잘 이동했다면 이번에는 오르막길이 꽤나 이어진다. 오르막길이 끝나면 길 옆으로 쉬었다가 이동하는 것이 좋다. 셀레이로 강Rio Celeiro을 건너 강과 철길 사이로 난길을 따라 걸으면 철길이 보일 것이다. 개천을 지나 다시 오르막길이 나오는 데 이 오르막길을 올라가면 바르바델로에 도착하게 된다.

시작하는 위치

시골로 들어가는 지점

바르바델로Barbadelo → 모르가데Morgade | 7.7km

시골길을 지나가면 메르카도 데 세라Mercado de Serra에 도착하고 2차선 도로를 따라 걸으면 레이만, 페나에 도착한다. 100㎞의 표시석이 있는 곳은, 오래된 표지석이 운치가 있었는데, 지금은 그 옆으로 99㎞ 표지석이 있다.

Tip

100㎞ 표지석의 의미

프랑스길을 멀리서부터 걸어온 순례자들은 100㎞의 의미가 남다르다. 이제는 4일이면 산티아고 데 콤포스텔라에 도착할 수 있다는 희망이 실현될 수 있다고 믿게 되기 때문이다.

모르가데Morgade → 빌라차Vilacha | 5.5km

계속 시골길과 페레이로스Pereiros 개천을 화강암으로 만든 작은 다리를 건너가면 페레이로스Pereiros이다. 성당 이후에는 미라요스를 지나가게 된다. 660m의 모미엔토스 고개를 올라갔다 내려가면 메르카도이로 마을에 도착한다. 특히 오전에는 안개가 자주 끼기 때문에 도로가 미끄러울 수도 있다. 마을을 지나 조금만 더 걸어가면 빌라차Vilacha에 도착할 수 있다.

빌라차Vilacha → 포르토마린Portomarin | 2.1km

포장된 도로를 벗어나면 돌로 이루어진 내리막길이 미끄럽다. 조심하면서 천천히 내려가야 한다. 포르토마린Portomarin으로 이어지는 2차선 도로가 나오고 미뇨 강Rio Mino강을 보면 포르토마린Portomarin이 얼마 남지 않았다. 꽤 긴 다리를 건너 경사가 급한 돌계단이 나오는 데, 올라가 아치문을 지나가 보자. 이제부터 포르토마린Portomarin이다.

Tip

다리를 건너기 전 종을 쳐 보자!

포르토마린에 도착하려면 다리를 건너야 한다. 상당히 피곤한 순례자들은 빨리 다리를 건너가기 바쁘다. 그러나 다리를 건너기 전에 다리 왼쪽에 하트 모양 안에 있는 종이 있다. 종을 치면서 순례자들이 겪은 고통을 종소리와 함께 날려 보낼 수 있다.

포르토마린(Portomarin)

원래 있던 도시가 침수된 후 현재의 위치로 다시 바뀌었다고 한다. 포르토마린 다리를 건너면 마을이 나오는데 규모가 크지는 않다. 성당은 로마네스크와 고딕양식이 교차하는 지점의 정면에 있는 창을 통해 들어오는 빛과 톱니모양의 지붕이 특징이 있다. 푸에블로 근처에 있는 시립 알베르게 주변에 다양한 상점과 카페가 밀집되어 있으니 여기서 모든 것을 해결하면 된다.

시립 알베르게

산 니콜라스 성당 뒤에 있는 현대적인 건물로 바뀌었다. 약 110명이 이용할 수 있는 알베르게는 6€(시트 1€)이고 정원에 주방, 식당, 세탁기 등이 있다. 여름에는 맞은 편 학교와 시립체육관에 100명이 더 머물 수 있다고 한다.

사설 알베르게

두 블록 아래 루아 도 미노Rua do Mino거리 위에 있다. 3개의 방에 7개의 침대 이용료는 10유로이다.

| DATE | 9

| LOCATION | 사리아 ···› 포르토마린

| ONE'S TRAVEL SCHEDULE |

시　　분 출발,　　시　　분 도착

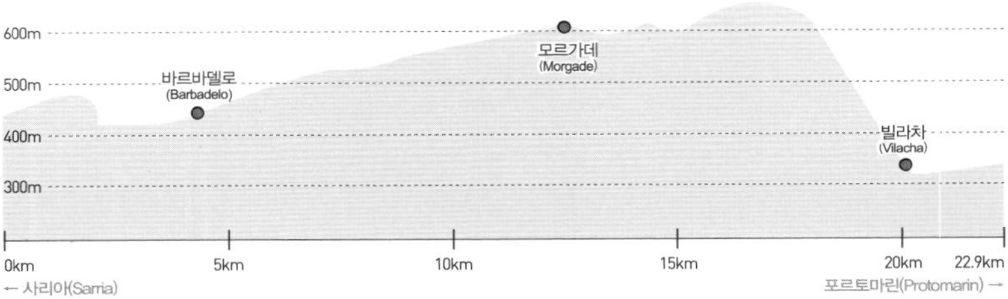

알베르게　　유로(숙소　　유로, 시트　　유로)

도장 찍기

Fecha

10일차 포르토마린부터 팔라스 데 레이까지 - 26.1km

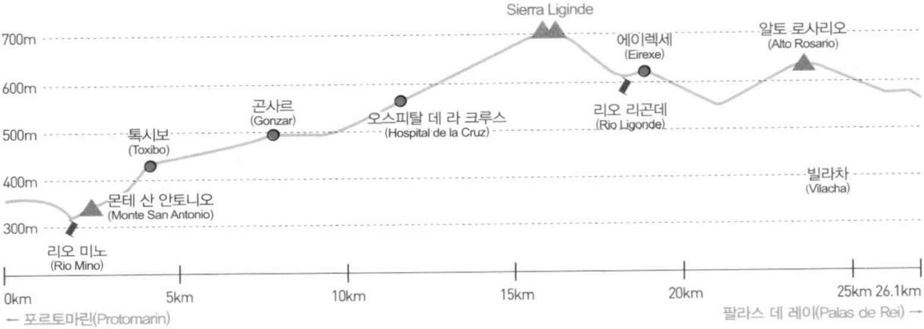

이동경로 / 26.1km

포르토마린(Portomarin) – 곤사르(Gonzar) – 오스피탈 데 라 크루스(Hospital de la Cruz) – 에이렉세(Eirexe) – 아 브레아(A Brea) – 팔라스 데 레이(Palas de Rei)

완만한 오르막길

지도를 보면 오스피탈 데 라 크루스까지 오르막길로 이어진다. 2차선 도로의 좌우로 걸어가도록 되었는데, 차가 꽤 지나다니는 국도이다. 가끔 도로 옆 소로길이 없어져 도로를 걷기도 하지만 조심해야 한다.

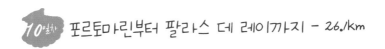

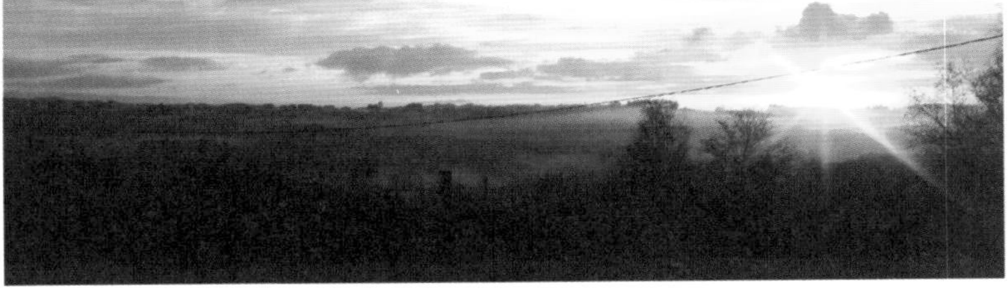

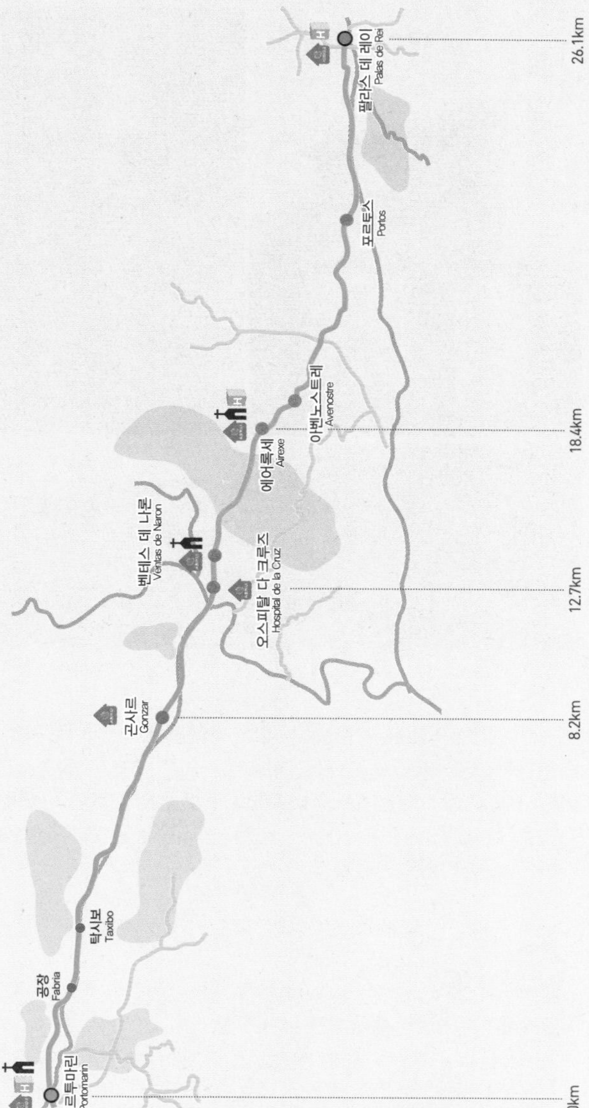
팔라스 데 레이
Palas de Rei
26.1km
포르토스
Portos
아벤노스트레
Avenostre
18.4km
에어록세
Airexe
벤테스 데 나론
Ventas de Naron
오스피탈 다 크루즈
Hospital de la Cruz
12.7km
곤사르
Gonzar
8.2km
탁시보
Taxibo
공장
Fabria
포르투마린
Portomarin
0km

N-547도로의 옆으로 소로길이 계속 이어지고 작은 마을들이 나오는 전형적인 스페인 시골마을이다. 리곤데 산맥과 로사리오 고래를 올라가야 해 피곤이 빨리 찾아온다. 팔라스 데 레이는 S자 형태의 구부러진 도로가 마을을 통과해 알베르게 까지 이어진다. 중세에 이 마을은 순례의 마지막 단계에서 순례자들이 쉬거나 함께 가는 그룹을 만들었던 곳이다.

Tip

멜리데까지 가려는 순례자를 위한 조언

포르토마린에서 팔라스 데 레이까지는 조금 오르막길이 많은 편이다. 그 이후 멜리데까지는 40㎞인데, 팔라스 데 레이 이후에는 평탄한 길이라 멜리데까지 가는 경우도 있다. 멜리데까지 가겠다고 생각한다면 포르토마린에서는 일찍 출발하는 것이 좋다.

포르토마린Portomarin → 곤사르Gonzar | 8.2km

다리의 오른쪽으로 걸어가 도로를 건너면 본격적인 시골길이 나타난다. 오르막길을 다 올라가면 산 안토니오 언덕Alto San Antomio 숲길을 지나가야 한다. 이곳은 상당히 안개가 자주 끼는 곳인데, 운치가 있다. 포장도로를 걸어가면 공장이 나오고 도로를 건너가면 도로 옆의 소로길을 걸어가면 된다. 길이 끝나는 지점에 바Bar가 있어서 대부분 이곳에서 휴식을 취한다.

곤사르Gonzar → 오스피탈 데 라 크루스Hospital de la Cruz | 4.5km

곤사르를 지나가면 왼쪽으로 돌아 시골길을 지나가면 오른쪽으로 돌아가야 한다. 산타 마리아 성당은 카스트로 마이오르 마을을 지나간다. 저 멀리 오스피탈 데 라 크루스에 도착하는 데 2차선 도로가 지나가는 마을이므로 차량을 조심해야 한다.

오스피탈 데 라 크루스Hospital de la Cruz → 에이렉세Eirexe | 5.7km

N-540번 도로를 지나는 2차선 도로는 벤타스 데 나론으로 이동한다. 720m의 리곤데 산을 올라갔다 내려가면 라곤데Ligonde에 도착하고 강을 건너 에이렉세 마을에 도착한다. 작은 언덕같은 산을 넘어가야 하므로 체력 소모가 크다. 마을 끝에 있는 바Bar에서 쉬었다가 이동하도록 하자.

에이렉세Eirexe → 아 브레아A Brea → 팔라스 데 레이Palas de Rei | 7.7km

소로길은 오르막길로 변하고 마무리아를 지나가면서 아 브레아A Brea에 도착한다. 로사리오 언덕을 넘기 위해 오르막길을 걸어올라가야 한다. N-547번 도로가 나오는 지점에 바Bar가 있는데, 쉬어가는 것도 좋다. 왼쪽으로 오스 차코테스 알베르게와 큰 아울렛 같은 건물을 지나가는데, 상당히 지루하다. 빨리 걷기보다 옆에 있는 동행자와 이야기를 나누면서 지나가는 것도 좋은 방법이다.

팔라스 데 레이는 S자 형태의 구부러진 도로가 마을을 통과해 알베르게 까지 이어진다. 중세에 이 마을은 순례의 마지막 단계에서 순례자들이 쉬거나 함께 가는 그룹을 만들었던 곳이다.

라브라도르

1년내내 운영하는 레스토랑으로 모녀가 운영하고 있다. 들어가는 입구부터 아기자기한 소품들이 예쁘게 장식되어 있다. 음식은 전체적으로 약간 짜지만 맛이 일품이다.
짭쪼름한 맛이 빵사이의 치즈의 간을 맞춰주고 있다. 스페인 북부 특유의 음식인 칼Callos는 꼭 우리나라의 대구탕같은 맛이 난다. 문제는 밥과 김치를 같이 먹으면 좋겠지만 순례길에서는 칼도만 먹어야한다. 다 먹고 나면 느끼하기 때문에 탄산음료를 마시게 되는 단점이 있다.

팔라스 데 레이(Palas de Rei)

콘세요 광장과 주도로가 만나는 지점에 공립 알베르게가 있다. 순례길의 통로에 있어 찾기가 쉽다. 알베르게 바로 앞에 가게가 있어 좋지만 크지않아 먹을만할 것들이 포르투마린에 비해 적다. 알베르게 정면 건너편에는 마을회관이 있고 옆쪽으로 바[BAR]가 있다. 이 곳에서 아침을 먹고 스탬프를 찍고 난 후에 출발해도 좋은 방법이다. 그러니 빨리 저녁을 먹고 쉬는 편이 더 좋은 방법이다.

시립 알베르게

1년내내 운영하고 6개의 방에 110개의 침대가 있다. 마을 초입 산 니콜라스 성당 뒤에 2007년에 문을 연 새 알베르게로 110명이 머물 수 있는 현대적인 건물로 바뀌었다.

침대와 세탁기, 건조기, 주방과 식당이 있으며 이용료는 6€(시트비용 1€ 포함)이다. 예전의 알베르게는 시청 앞에 있는 마을 속에 있다. 60개의 침대와 거실이 있고 이용료는 5€이다. 다들 새로운 알베르게를 이용하려고 한다.

사립 알베르게 | Buen 까미노

시청 광장에 있으며 42명이 사용할 수 있는 이층침대가 있다. 인터넷을 제공하며 세탁기, 건조기를 유료로 사용하실 수 있다.

| DATE | 10

| LOCATION | 포르토마린 ···› 팔라스 데 레이

| ONE'S TRAVEL SCHEDULE |

시 분 출발, 시 분 도착

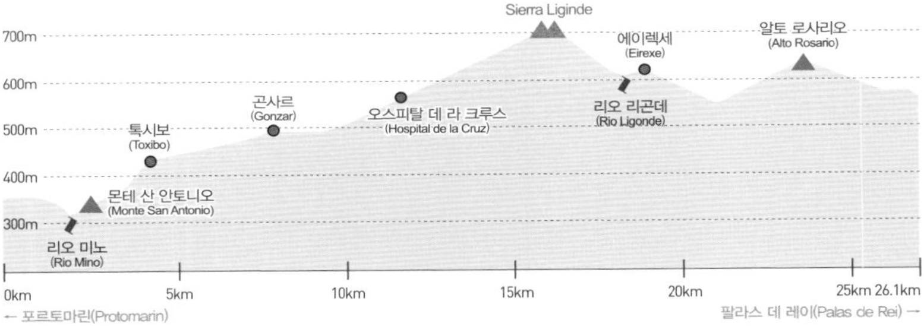

알베르게 유로(숙소 유로, 시트 유로)

도장 찍기

Fecha

11일차 팔라스 데 레이부터 아르수아까지 - 29.4km

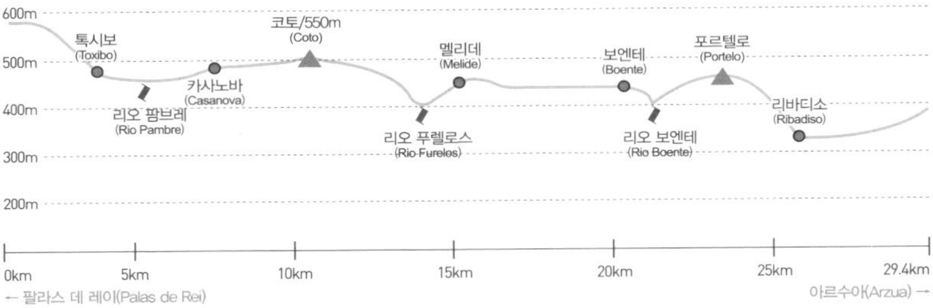

이동경로 / 29.4km

팔라스 데 레이(Palas de Rei) – 레보레이로(Leboreiro) – 멜리데(Melide) – 보엔테(Boente) – 리바디소(Ribadiso) – 아르수아(Arzua)

평지길

오늘은 마지막으로 약 30㎞ 정도 걷는 힘든 하루가 될 것이다. 되도록 일찍 출발하는 것이 어두운 저녁에 들어가지 않는 방법이다. 팔라스 데 레이에서 멜리데까지는 평지에 아스팔트가 많다. N-547번 도로를 따라 가기도 하고 터널도 지나가기도 한다. 나머지 구간은 숲으로 이루어진 길인데 평지여서 어렵지는 않다. 멜리데는 스페인 북부의 해안에서 잡히는 문어로 만드는 매콤한 뽈뽀Polpo가 유명하다. 26㎞걷고 나서 마주하는 리바디소에서 걷는 약 3㎞의 오르막길은 의외로 힘이 든다. 천천히 걸어가도록 하자.

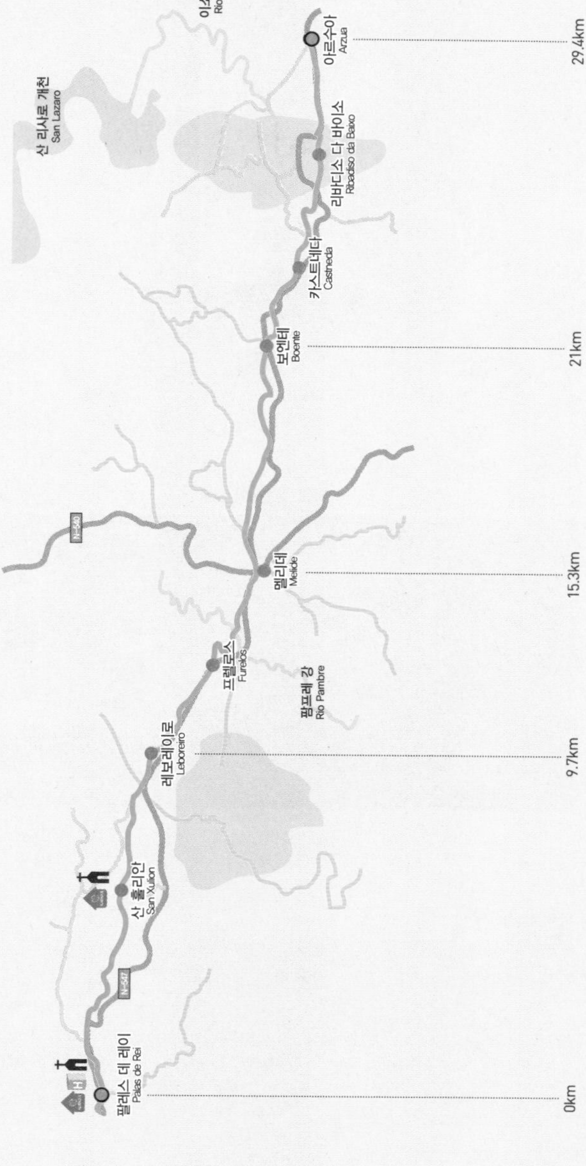
팔레스 데 레이
Palas de Rei
N-547
산 훌리안
San Xulion
레보레이로
Leboreiro
프렐로스
Furelos
팜프레 강
Rio Pambre
멜리데
Melide
N-540
보엔테
Boente
카스트네다
Castneda
리바디소 다 바이소
Ribadiso da Baixo
아르수아
Azua
산 리사로 개천
San Lazaro
이소 강
Rio Iso
0km
9.7km
15.3km
21km
29.4km

Tip

자신의 체력에 따라 걷는 일자를 조정하자.

멜리데까지 오면 약 50㎞를 남겨 놓았다고 생각하면 된다. 이제 하루를 온전히 걷고 다음날 산티아고로 들어갈 수도 있고 나누어서 2일을 더 걸어 들어갈 수도 있다. 리바디소는 작을 마을로 이소 강가에 자리하고 있다. 아르수아(Arzua)까지 가벼운 오르막으로 약 3㎞정도 가면 도착할 수 있다.

팔라스 데 레이Palas de Rei → 레보레이로Leboreiro | 9.7km

N-547번 도로는 인도가 좁아서 주의해서 걸어야 한다. 도로가 끝나면 마을로 들어가 시골길을 따라가면 길의 끝에 산 훌리안San Xulian에 도착한다. 전반적으로 평지길이므로 힘들지는 않다. 내리막길이 나오고 팜브레 강Rio Pambre이 나오면 포장 도로를 보고 계속 걸어가면 성당이 끝 지점에 있다.

레보레이로Leboreiro → 멜리데Melide | 5.6km

세코 강Rio Seco은 디세카보Cisecabo, N-547도로 옆의 산업공단을 지나간다. 이곳을 지나면 숲길이 나오고 중세의 돌다리인 산 후안 다리를 건너면 푸렐로스Furelods가 나타난다. 멜리데Melide는 도시 중앙을 가로지르는 도로가 길게 이어져있고 산 로케 공원을 지나 도록 나타나면 올드 타운Old Town에 도착하게 될 것이다.

멜리데Melide는 삶은 문어에 고춧가루와 올리브유를 뿌려 매콤한 뽈뽀Polpo가 유명하여 맛집으로 알려진 에세길Ezsquiel에서 먹는 경우가 많다. 하지만 이곳이 아니어도 멜리데의 다른 곳에서 맛집을 찾아낼 수도 있을 것이다.

멜리데Melide → 보엔테Boente | 5.7km

멜리데 이후에는 한동안 숲길이 나타난다. 이 숲길은 여름에는 그늘을 만들어주고, 겨울에는 바람을 막아준다. 카르바얄Carballal, 폰테 데 페냐스Ponte de Penas를 지나가면 보엔테Boente에 도착하게 된다.

보엔테Boente → 리바디소Ribadiso → 아르수아Arzua | 8.4km

소로길은 계곡을 따라가면서 보엔테 강이 보인다. 이 강을 건너면 오르막길이 나오는데 마지막 지점에 있는 오르막길이라 의외로 힘들다. 언덕을 넘어가면 N-547을 마주하고 이어서 이소 강Rio Iso을 건너면 리바디소에 도착한다.

여기까지 26.4㎞라서 이곳에서 머무는 순례자들도 있다. 아르수아까지 약 3㎞를 더 걸어가야 한다. 오르막길이 이어지는 데 N-547도로를 가로지르기 때문에 터널도 되어 있기도 하고 옆길도 이어지기도 한다. 마지막 오르막길을 넘어 가로지르는 도로가 의외로 길다.

리바디소 (Ribadiso) 알바르게

작을 마을 안의 이소강가에 있는 주택가에 자리잡고 있다. 가벼운 오르막길로 약 2㎞정도 가면 찾을 수 있다. 캠핑장이 갖춰져 있으며 62명이 이용 가능하고 이용료는 6유로이다.

아르주아 알바르게

아르주아는 작은 마을로 도로 양쪽으로 길게 되어 있는 마을이다. 특별히 볼 것들이 많은 마을은 아니므로 시간이 없다면 그냥 지나쳐도 된다.

마을을 가로질러 도로 왼쪽에 있는 큰 건물이 알베르게이다. 도로를 가다보면 잘 보이지 않으니 잘 보시고 모르면 물어보세요. 120명이 이용가능하며 이용료는 6유로이다.

| DATE | 11

| LOCATION | 팔라스 데 레이 ··· 아르수아

| ONE'S TRAVEL SCHEDULE |

시 분 출발, 시 분 도착

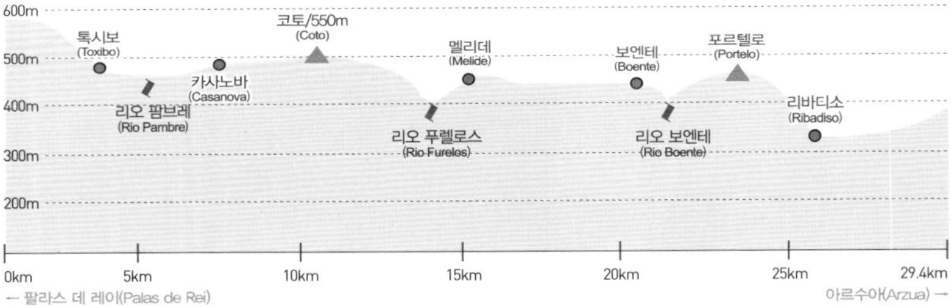

알베르게 유로(숙소 유로, 시트 유로)

도장 찍기

Fecha

12일차 아르수아부터 오 페드로우소까지 - 19.2km

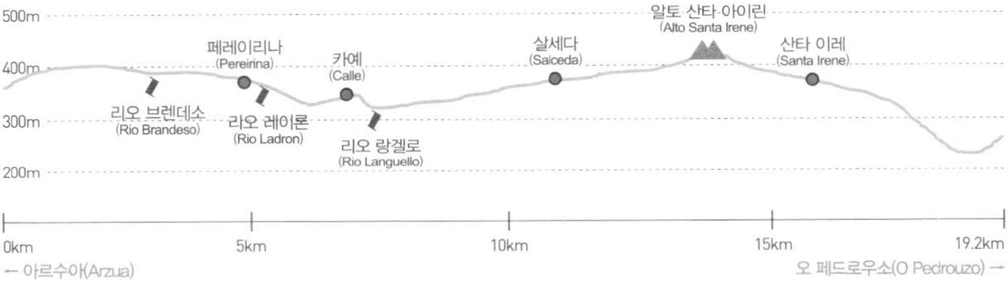

이동경로 / 19.2km
아르수아(Arzua) – 카예(Calle) – 산타 이레네(Santa Irene) – 오 페드로우소(O Pedrouzo)

평지길

본격적으로 산티아고 데 콤포스텔라 근처로 진입하는 날이다. N-547번 도로를 여러 번 만나게 된다.
N-547번 도로를 갈리시아 지방에서 가장 중요한 도로로 모든 차량이 이 도로를 이용하므로 상당히 차량의 통행이 많다. 그런데 도로 옆으로 걷거나 통과하고 터널을 통과하기도 하기 때문에 조심해야 한다.

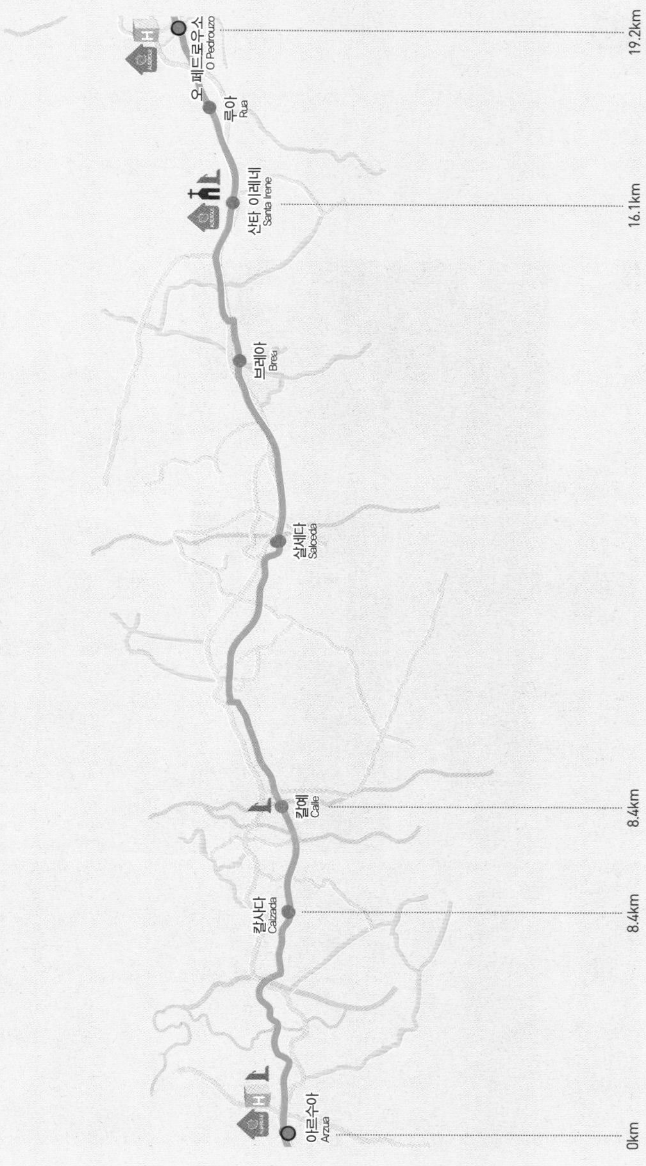
아르수아
Arzua
0km
칼사다
Calzada
8.4km
칼예
Calle
8.4km
살세다
Salceda
브레아
Brea
산타 이레네
Santa Irene
16.1km
루아
Rua
오 페드로우소
O Pedrouzo
19.2km

아르수아 Arzua → 카예 Calle | 8.4km

아르수아의 알베르게는 마을의 끝에 있어서 금방 마을을 벗어난다. 이후에는 숲으로 이루어진 길로 들어선다. N-547번 도로 밑으로 나 있는 터널을 건너서 라이도 Raido, 코르토베 Cortobe를 만날 수 있다. 교각을 지나면 칼사다 Calzada로 들어서고 조금만 더 걸으면 카예에 도착한다.

카예Calle → 산타 이레네Santa Irene | 7.7km

언덕을 올라가야 N-547번 도로 위로 올라갈 수 있다. 도로 옆으로 있는 인도가 좁지만 크게 위험하지는 않다. 포장도로가 끝나면 바로 숲으로 들어가 시골길을 걷게 된다. 화살표 표시가 애매하기 때문에 옥센Oxen, 라스Ras의 지명을 기억해 두면서 걸으면 좋다. 아니면 구글맵을 켜서 확인하면서 걸어가자.
다음 마을인 브레아Brea에 도착하려면 N-547번 도로를 건너야 한다. 한참을 걸어가면 길가 옆에 있는 바Bar가 보이고 이곳에서 쉬면서 마지막을 향해 가면 좋다.

산타 이레네Santa Irene → 오 페드로우소O Pedrouzo | 3.1km

N-547번 도로를 지나가야 하기 때문에 터널을 지나서 걸어가면 루아Rua에 도착한다. 부르고 강Rio Burgo를 건너 숲길이 다시 걸어가면 오 페드로우소O Pedrouzo를 만날 수 있다. 작지만 하루를 묶어 가는 데 편하게 쉴 수 있다.

| DATE | 12

| LOCATION | 아르수아 ···› 오 페드로우소

| ONE'S TRAVEL SCHEDULE |

8시15분 출발, 1시 34분 도착

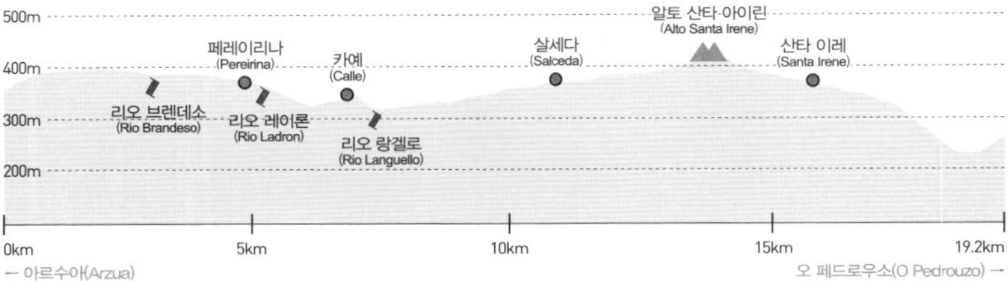

알베르게 유로(숙소 유로, 시트 유로)

도장 찍기

Fecha

13일차 오 페드로우소부터 산티아고 데 콤포스텔라까지 - 20.5km

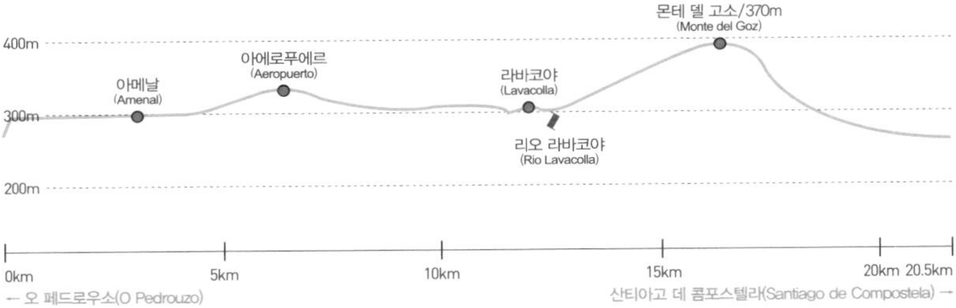

이동경로 / 20.5km
오 페드로우소(O Pedrouzo) – 아메날(Amenal) – 라바코야(Lavacolla) – 몬테 델 고소(Monte del Gozo) – 산티아고 데 콤포스텔라(Santiago de Compostela)

평지길

드디어 산티아고 순례길, 프랑스 길의 마지막 지점인 산티아고 데 콤포스텔라Santiago de Compostela에 도착하는 날이다. 기쁜 마음으로 출발하지만 의외로 도착하는 구간이 오르막길이 있어서 쉽지는 않다. 유칼립투스 숲길은 오르막이 조금 있지만 이내 평지로 바뀐다.
숲은 산티아고 공항까지 이어지지만 본격적으로 포장도로가 나타난다. 포장도로로 상당 구간이 오르막길로 몬테 델 고소까지 이어져 마지

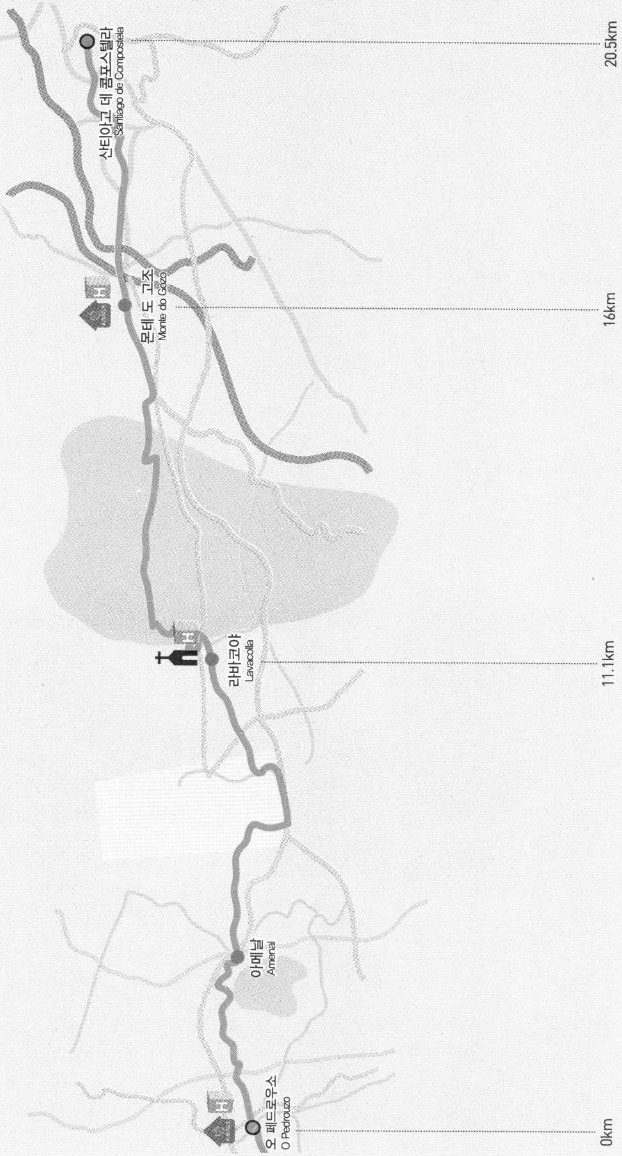
산티아고 데 콤포스텔라
Santiago de Compostela
20.5km
몬테 도 고조
Monte do Gozo
16km
라바코야
Lavacolla
11.1km
아메날
Amenal
오 페드로우소
O Pedrouzo
0km

막으로 꽤 힘이 든다. 본격적으로 산티아고 데 콤포스텔라Santiago de Compostela로 진입하면 도로가 넓어지고 교차로와 도로 옆 인도로 걸어가야 한다. 마지막 산티아고 대성당으로 걸어가는 길을 상당히 복잡하여 표지판이나 노란색 화살표를 잘 보고 걸어가야 한다.

Tip

산티아고 대성당 미사를 보고 싶다면?

유럽의 순례자들은 중세부터 라바코야(Lavacolla)에서 순례자들이 걸으면서 더러워진 자신의 몸을 씻고 다음날 출발하는 의식이 있어 도착하는 지점이 다르기도 하다. 아니면 끝까지 도착한 후 다음날 산티아고 대성당만 보고 완주증을 받으러 가기도 한다. 선택은 순례자 각자가 정하게 된다.

1. 산티아고 대성당의 미사를 보려고 최대한 산티아고 데 콤포스텔라(Santiago de Compostela)에 접근해 11시까지 도착하려고 하는 순례자들도 있다. 그들은 전날에 9.4㎞만 남아 있는 라바코야(Lavacolla)나 몬테 델 고소(Monte del Gozo)에 도착해 마지막 날 출발을 하기도 한다. 전날 30㎞를 걸어야 하는 강행군을 해야 한다.
2. 아니면 오 페드로우소에서 몬테 델 고소(Monte del Gozo)까지만 걷고 다음날 4.5km만 걸어가는 경우도 있다. 조금 더 여유롭게 걸을 수 있기 때문에 많이 선택한다.

오 페드로우소O Pedrouzo → 아메날Amenal → 라바코야Lavacolla | 11.1km

마을을 출발하면 왼쪽에 스포츠 센터가 보인다. 이후에는 유칼립투스 숲길이 이어지는 데 산 안톤San Anton을 지나가면 아메날에 도착한다. 숲길의 마지막은 시마데빌라Cimadevida에서부터 시작되는 데, 상당히 오르막길이어서 힘이 든다. 다 걸어서 올라가면 오른쪽에 중세 순례자들이 산티아고에 들어서기 전 몸을 씻었던 라바코야 마을이 보일 것이다.

라바코야Lavacolla → 몬테 델 고소Monte del Gozo | 4.9km

국도를 지나서 오르막길을 올라가면 비야마이오르Villamaior에 도착한다. 언덕을 올라가야 보이는 산 마르코스 마을 지나면 370m의 몬테 델 고소에 있는 산 마르코스 예배당을 볼 수 있다. 이곳에서 멀리 있는 산티아고 대성당의 윗부분이 보이기 때문에 '기쁨의 산'이라고 불리기도 했다. 교황 요한 바오로 2세의 방문 기념탑과 예배당, 순례자 공원 등이 보인다.

몬테 델 고소 Monte del Gozo → 산티아고 데 콤포스텔라 Santiago de Compostela | 4.5km

N-647번 도로를 따라 걸어가는 곳으로 철도 아래로 건너가 산 라사로 성당 방향으로 따라 걸어간다. 루아 도 발리뇨 Rua do Valino 방향으로 직진하다. 교차로를 건너면 루아 도시 콘체이로스에 도착한다. 이어서 산 페드로 광장에 도착할 수 있다. 이어서 세르반테스 광장에 도착하고 카미노 화살표를 따라 가면 카사스 레아이스에 있는 세르반테스 광장에 도착해 쉬어갈 수 있다. 인마클라다 광장과 오브라도이로 광장에 도착하여 기쁨의 포옹을 나누게 된다.

순례자들마다 기쁨의 강도는 다르지만 대부분의 순례자는 감동을 받는다. 자신이 완주했다는 기쁨에서 그동안의 힘들었던 순간이 순식간에 지나간다. 다들 오브라도이로 광장에서 사진을 찍고 한참을 둘러본다.

산티아고 데 콤포스텔라(Santiago de Compostela)

산티아고 순례길의 종착지로 기독교 3대 성지이기도 하다. '산티아고'란 스페인어로 성 야곱을, '데 콤포스텔라'는 별이 내리는 들판을 뜻하는 말이다. 주교 테오드미로가 수도사들과 하마께 성 야곱의 무덤을 발견한 것을 계기로 성 야곱을 기리기 위한 성당을 건축하기 시작했고 이 성당이 지금의 카테드랄의 기초가 되었다. 카테드랄 옆에 있는 오브라도이로 광장을 비롯해 구시가 주변에는 순례자의 모습을 볼 수 있다.

성당 안에 들어가면 '영광의 문' 중앙에 앉아 있는 성 야곱을 볼 수 있다. 수 많은 순례자들이 돌기둥에 손을 대며 기도를 드려서 기둥에는 닳아서 반질반질해지고 파여 있는 다섯 손가락의 흔적이 남아 있다.
성당에서 미사를 드리고 나면, 알라메다 공원으로 가자. 공원 안의 페라두라 산책

로에서 카테드랄의 첨탑과 거리를 볼 수 있다. 또한 도시에서 5km떨어진 곳에 '환희의 언덕'인 몬데 도 고소가 있는데 순례자들이 처음으로 카테드랄의 모습을 볼 수 있는 곳이다. 알라메다 공원에서 내려오면 오브라도이 광장에서 구시가 주변을 도는 관광열차(6유로)를 타는 것도 색다른 산티아고를 볼 수 있는 방법이다.

카테드랄 뒤편으로 가면 '성스러운 문'이 있는데 '면죄의 문'으로 불리우는 문이다. 상 야곱의 날인 7월 25일이 일요일에 해당하는 해에만 개방한다고 한다. '성스러운 문'에 접한 광장은 칸타나 광장이다. 구시가를 다 보았다면 프랑코거리와 비야르거리로 가서 기념품 등을 둘러보고 갈리시아 광장으로 이동하면 산티아고를 다 볼 수 있다.

| DATE | 13

| LOCATION | 오 페드로우소 ··· 산티아고 데 콤포스텔라

| ONE'S TRAVEL SCHEDULE |

8시15분 출발, 1시 34분 도착

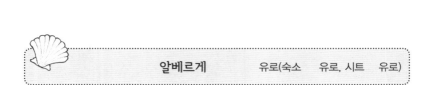

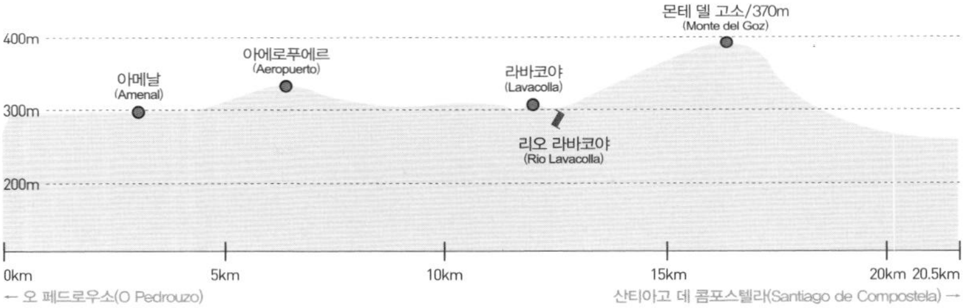

알베르게 유로(숙소 유로, 시트 유로)

도장 찍기

Fecha

치유

조대현

상처를 치유하는
가장 좋은 방법은
상처를 받지 않으면 된다.

상처를
받지 않으려면
나 자신을
먼저
바라보아야 한다.

우리가 우리 자신을
먼저 바라보지 않는 이유는
연약함과 취약함을 상대에게
드러내고 싶지 않아서다.

상대의 공격을 받을까 두려워서

그토록 집요하게
남들의 모습을 파고들고
판단하는 데만 열중하다가
오히려 큰 상처를 받는다.

마음껏 연약하고
취약함을 드러내고
부드럽게 대하라.

산티아고 순례길의 마지막 지점, 피니스테레Finisterre

산티아고 데 콤포스텔라에서 서쪽으로 약 89km 떨어진 곳에 있는 대서양에 접한 마을로 피니스테레Finisterre는 '피니스Finis'는 끝이라는 뜻이고, '테레Terre'는 땅이라는 뜻의 합성어이다. 일찍이 로마인들이 이곳을 세상의 끝이라고 믿었기 때문에 생겨난 이름으로, 중세시대까지 스페인 사람들이 세계의 끝이라고 했던 장소이다.

버스시간표에도 피스테라라고 적혀있으니 만약 현지인에게 물어 볼 일이 있으면 '피스테라Fisterra'라고 말해야 스페인 사람들이 이해하기 쉽다. 거리는 얼마 안 되지만 산티아고 데 콤포스텔라에서 3시간 정도가 소요된다. 구불구불한 해안 길을 계속 따라서 오기 때문에 조금 시간이 걸린다. 라틴 아메리카가 발견되기 전까지 세계의 끝이라고 여겨졌던 피니스테레Finisterre는 라틴어 조합으로 만들어진 명칭이고, '피스테라Fisterra'라는 명칭은 갈리시아 지방의 말이다.

순교한 야곱의 시신이 돌배에 실려 바다를 건너 피니스테레Finisterre에 도착했다는 이야기가 전해 내려오면서 중세시대부터 사람들은 성지순례의 마지막 지점으로 여겨졌다. 갈리시아 주에서 세운 표지석에 “Km 0.000”라고 표시되어 있다. 절벽 위에서 보는 석양의 바다풍경이 아름다운 곳으로도 유명하다.

Tip

이동 방법

걸어서 산티아고 데 콤포스텔라에서 피니스테레(Finisterre)까지 걸어가려면 약 89㎞의 지점을 걸어가야 하므로 3~4일이 소요된다. 피니스테레(Finisterre)에 관심을 가지고 있는 순례자들은 걸어가는 대신 버스를 이용해 산티아고(Santiago) → 피니스테레(Finisterre)를 왕복하는 버스를 타고 이동한다. 버스는 버스터미널에서 표를 구입하지 않고 버스운전사에게 직접 구입해도 된다. 오전 9시에 출발한다면 19시에 돌아오는 투어버스도 운영하고 있다.

도착해 맞이한 0.00k.m.

0이라는 숫자를 보면 순례자들은 아쉬운 탄성을 내쉰다. "아 이제 진짜 끝이 났구나" 생각이 들기 때문이다. 다들 표지석에서 사진을 찍기 때문에 사진을 찍어달라는 요구를 순례자들은 잘 들어준다.

예전에는 순례자들이 신고 온 신발이나 물품 등을 태워버리면서 순례의 끝을 장식했었지만 이제는 태우는 행위는 금지되었다.

마을 중심에서 제일 끝 부분에 걸려있는 노란색 표시로 '도마르 알베르게(10€)'에서 숙박을 하는 경우가 많다. 알베르게의 테라스에서 보이는 경치는 환상적이다. 다만 해안절벽을 따라 불어오는 대서양의 바람은 대단히 매섭다. 부슬비가 내려도 바람이 강해 우산은 뒤집어지고 우비가 필요 없을 정도로 흠뻑 젖게 만든다.

스페인어

[기본표현]

Hola. [올라] ···› 안녕하세요?
Buenos días. [부에노스 디아스] ···› 안녕하세요? (아침 인사)
Buenas tardes. [부에노스 따르세스] ···› 안녕하세요? (오후 인사)
Buenas noches. [부에노스 노체스] ···› 안녕하세요? (저녁 인사)
Gracias. [그라시아스] ···› 감사합니다.
Está bien. [에스타 비엔] ···› 괜찮습니다.
Bien, gracias. [비엔 그라시아스] ···› 네, 잘 지냅니다.
Cómo? [꼬모] ···› 다시 한 번 말씀해 주세요.
Por supuesto. [뽀르 수푸에스토] ···› 물론입니다.
Entiendo. [엔띠엔도] ···› 알겠습니다.

buen viaje [부엔 비아헤]
···› 좋은 여행 되세요. (공항에서 작별할 때 얘기하면 좋아요)
buenas noches [부에나스 노체스] ···› 좋은 밤 되세요.
adios [아디오스] ···› 안녕히 가세요 / 안녕히 계세요 / 안녕 (헤어질 때)
A dónde quiere ir usted? [아 돈데 끼에레 이르 우스뗏]
···› 어디 가고 싶으신가요?
Qué deseas comer? [께 데세아스 꼬메르] ···› 무엇을 드시고 싶으신가요?
Qué tal la comida? [깨 딸 라 꼬미다] ···› 음식이 어떤가요?
Qué tal el dormitorio? [깨 딸 엘 도르미또리오] ···› 침실은 어떤가요?
Qué tal Corea? [깨 딸 꼬레아] ···› 한국은 어떤가요?

[지시 대명사]

allá [알랴] ···› (방향) 저기 (손으로 가르키며 말하면 듣는 사람도 쉽겠죠?ㅎㅎ)
aquí [아끼] ···› (방향) 여기
este [에스때] ···› (사물) 이것
aquel [아깰] ···› (사물) 저것

ven aquí [벤 아끼] ···› 이리로 오세요.

[장소]

baño [바뇨] ⋯→ 화장실
dormitorio [도르미또리오] ⋯→ 방(침실)
restaurante [레스따우란떼] ⋯→ 레스토랑
recepción [레셉시온] ⋯→ 리셉션

[형용사]

frío [후리오] ⋯→ 춥다
caliente [깔리엔때] ⋯→ 뜨겁다 (덥다 아닙니다)
picante [삐깐떼] ⋯→ 맵다
lindo [린도] ⋯→ 멋있다
bueno [부에노] ⋯→ 좋다/착하다
alto [알또] ⋯→ 높다, (키가)크다

[일상 대화]

De dónde es? 어디에서 오셨습니까?
Aquí tiene. 여기 있습니다.
Cuál es el propósito de su viaje? 여행의 목적이 무엇입니까?
Cómo está? 요즘 어떻게 지내세요?
Un momento, por favor. 잠시만 기다려 주세요.
Me llamo James Dean. 저는 제임스 딘입니다.
Es culpa mía. 제 잘못입니다.
Hace un poquito de frío. 좀 추워요.
Vale. 좋아요.
Tenga un buen día! 좋은 하루 보내세요.
Lo siento. 죄송합니다.
Mucho gusto! 처음 뵙겠습니다.
De nada. 천만에요.
Necesito ir al aseo. 화장실 다녀올게요.
Dónde esta el aseo? 화장실이 어디에 있죠?

[숫자]

uno 하나
dos 둘
tres 셋
cuatro 넷
cinco 다섯
seis 여섯
siete 일곱
ocho 여덟
nueve 아홉
diez 열
once 열하나
doce 열둘
trece 열셋
catorce 열넷
quince 열다섯
dieciséis 열여섯
diecisiete 열일곱
dieciocho 열여덟
diecinueve 열아홉
veinte 스물
cincuenta 오십
cien 백
mil 천
un millón 백만

[카페 / 레스토랑]

La cuenta, por favor. 계산서 주세요.
Una mesa para no fumadores, por favor? 금연석으로 주세요.
Una servilleta, por favor. 냅킨 좀 주세요.
Para cuántas personas? 몇 분이 오셨어요?
Un vaso de agua, por favor. 물 한 잔 주세요.
Sólo azúcar, por favor. 설탕만 넣어 주세요.
Un protector gástrico, por favor. 소화제 좀 주세요.
Carne de vaca, por favor. 쇠고기 요리로 주세요.
Se me ha caído una cuchara. 수저를 떨어뜨렸습니다.

Para tomar aquí o para llevar? 여기서 드시겠어요? 포장해 가시겠어요?
Cuál es la especialidad del día? 오늘의 특선메뉴는 뭐죠?
No quiero nada de comer. 음식은 필요 없습니다.
Me temo que este filete está demasiado hecho.
이 스테이크는 너무 익힌 것 같아요.
Está libre este asiento? 이 자리는 비어 있나요?
A qué se debe este coste adicional? 이 추가 요금은 무엇입니까?
Invita la casa. 이것은 서비스로 제공하는 것입니다.
Qué hay para cenar? 저녁 식사는 무엇인가요?
Yo invito. 제가 계산할게요.

Qué va a pedir? 주문 하시겠어요?
Podría cambiar mi pedido? 주문을 변경해도 될까요?
Me gustaría sentarme junto a la ventana. 창가 자리로 주세요.
Me da un café. 커피로 주세요.
Quería un chuletón. 티본 스테이크로 주세요.
Otro tenedor, por favor. 포크 하나 새로 가져다 주세요.

[교통]

Quiero irme lo antes posible. 가능한 한 빨리 떠나고 싶습니다.
Dónde está la boca de metro más cercana? 가장 가까운 지하철역은 어디입니까?
Deme uno para el que salga más temprano. 가장 빨리 출발하는 표를 주세요.
Al aeropuerto, por favor. 공항으로 가주세요.
Un billete para el express, por favor. 급행표로 주세요.
Cuál es la siguiente estación? 다음 역은 어디입니까?
Gire a la izquierda en el segundo semáforo. 두 번째 신호등에서 좌회전 하세요.
A qué hora sale el último autobús del día? 버스 막차 시간이 몇 시죠?
Dónde está la parada del autobús? 버스 타는 곳이 어디에 있습니까?
Con qué frecuencia sale el autobús? 버스가 얼마나 자주 출발하나요?
Dónde puedo hacer transbordo? 어디에서 환승할 수 있나요?

Déjeme aquí. 여기서 내려 주세요.
Pare aquí, por favor. 여기에 세워 주세요.
Un billete de ida y vuelta, por favor. 왕복표 한 장 주세요.
Dónde se paga el billete? 요금은 어디에서 냅니까?
Cuánto cuesta? 요금이 얼마입니까?
Hay algún autobús por aquí que vaya hasta el centro?
이 근처에 시내로 가는 버스가 있나요?
Hay alguna gasolinera cerca de aquí? 이 근처에 주유소 있어요?
Este tren va a Madrid? 이 기차가 마드리드행인가요?
Puedo cambiar de asiento? 자리를 바꿔도 될까요?
Puede quedarse con el cambio. 잔돈은 가지세요.
A qué hora salimos? 저희는 언제 출발하나요?
Dónde está la parada de taxis? 택시 타는 곳이 어디인가요?

Madrid 스페인

10세기에 당시 스페인의 수도인 톨레도를 방어하기 위해 성을 쌓으면서 마드리드 도시의 역사는 시작되었다. 카톨릭세력인 카스티야의 왕 알폰소 6세가 마드리드를 이슬람세력으로부터 다시 회복하였다. 이후, 1561년 펠리페 2세가 성에 궁전을 짓고 수도를 톨레도에서 마드리드로 옮기면서 성장하여 스페인의 정치, 문화의 중심지로 성장하였다.

마드리드 IN

예전에 마드리드를 가는 방법으로는 야간열차를 타고 바르셀로나 또는 파리에서 많이 들어왔다. 바르셀로나에서 출발하는 야간 호텔열차를 제외하면 대부분의 열차는 차마르틴역Estacion de Chamartin에 도착하기 때문에 차마르틴 역은 마드리드 중앙역의 역할을 수행했다. 하지만 스페인을 항공기로 직접 들어와 스페인만 여행하는 경우가 많아졌다. 그런 경우에도 차마르틴역이 마드리드 공항에서 가깝다.

차마르틴 역은 여행안내소는 물론이고 환전

아또차역

소, 코인락커, 우체국, 전화국, 레스토랑, 수퍼마켓 등 모든 편의시설이 갖추어져 있다. 근처에는 호텔이 많다.

세비야에서는 고속열차 AVE를 이용해 들어올 수 있다.

파리에서 마드리드로 들어오는 경우, 일반 열차를 타고 들어오면 유럽의 다른 나라들과 스페인 철로의 궤도넓이가 달라 프랑스와 스페인의 국경역인 이룬Irun에서 열차를 갈아타야 한다.

파리에서 가는 방법은 2가지다. 파리에서 마드리드나 바르셀로나를 가는 직통 야간기차가 없어졌다. 파리 오스텔리츠역에서 출발하는 야간열차로 다음날 아침 국경역인 이룬Irun에 도착하여 이룬에서 마드리드로 출발하는 열차편을 이용해야 한다.

Irun—Madrid 사이의 주간열차는 꼭 예약해야 한다. 포루투갈 리스본에서 야간열차를 이용해 들어올 경우, 리스본의 싼타 아폴로니아 역을 출발해 마드리드 차마르틴 역에 도착한다.

스페인 서부, 세비야에서는 시간마다 고속열차 AVE가 3시간 만에 마드리드 아또차 역으로 들어간다. 아또차역과 차마르틴역, 노르테역은 모두 시내를 관통하는 국철로 연결되어 유레일패스로 다닐 수 있다.

차마르틴 역에서는 지하철 10호선을 이용하면 시내 주요지점을 쉽게 갈 수 있다. 아침에 마드리드 차마르틴역에 도착한다면 역에서 간단히 아침을 해결하고 지하철을 이용해 숙소로 이동하면 된다.

배낭여행을 하는 경우에 마드리드로 들어온 날 시내를 둘러보고, 야간기차를 타고 파리로 들어가는 경우가 많다. 마드리드에서 나가는 날, 당일에 둘러보고 이동을 하여 짐을 보관할 곳이 없다고 걱정할 필요는 없다. 코인락커에 짐을 보관한 후 마드리드시내를 둘러보거나 톨레도를 다녀오면 된다.

차마르틴 역에 도착한 후, 기차에서 내려 플랫폼에서 바로 오른쪽 아래로 내려가는 계단을 이용하면 지하철역으로 갈 수 있다. 만약, 위쪽 계단으로 올라가면 지하철역으로 내려갈 때 무거운 짐을 들고 긴 계단을 내려가야 할 것이다.

마드리드 정보 www.madridman.com / www.softdoc.es

차르마틴 역

여행 안내소_ 월~금요일 08:00 ~ 20:00 / 토요일 08:00 ~ 13:00
은 행_ 08:00 ~ 22:00
코 인 락 커_ 07:00~23:00 – 크기별로 €3.00 ~ 4.50
교 통_ M–8 Chamartin B–5, 14

아또차 역

은 행_ 08:00 ~ 22:00
코 인 락 커_ 07:00~23:00
교 통_ 지하철 Atocha역 다음 정거장인 M–1 Atocha renfe에서 하차. B–10, 19, 24, 26, 27, 32, 34, 37, 54, 57, 102, 112

시내교통

프랑스 파리와 마찬가지로 10회권을 이용하여 버스와 메트로를 같이 하나의 티켓으로 이용할 수 있다. 1회권을 끊기보다는 10회권을 이용하는 것이 편리하다. 10회까지 사용하지 않을 예정이면, 같이 온 일행과 함께 구입해 나누어 사용하는 것이 좋다.

▶마드리드 시내교통 티켓요금

1회권 €1.70 (Zone A), 10회권 €13.00

지하철(Metro)

지하철은 12개의 노선이 운영되고 있으며 오전 6시부터 새벽 1시 30분 까지 지하철을 이용할 수 있어 늦은 밤에도 지하철을 많이 이용한다. 지하철역과 국철역은 연결되어 원하는 곳은 어디든지 이용할 수 있다. 지하철 티켓은 지하철매표소, 자동판매기 등 다양하게 구입할 수 있다.

버스(Bus)

버스는 06:00~24:00까지 운행하며, 00:00~05:15의 심야시간대에는 나이트 버스 '부호스Buhos'를 운행한다. 정류장마다 자세한 노선안내를 하고 있어 쉽게 이용가능하다. 혼자서 버스를 기다리다 보면 그냥 지나치는 경우도 있어 기다리는 버스가 보이면 손을 들어 표시해주는 것이 좋다. EMT의 사무소에서 자세한 버스 노선도를 구할 수 있다.

택시(Taxi)

택시가 비어있다는 표시는 표시등의 왼쪽 Libre에 녹색불이 켜져 알 수 있다. 기본요금은 €2로 비싸지 않지만 마드리드 시내는 교통흐름이 좋지않아 택시요금이 많이 나온다. 기차역이나 공항에서는 대기 수수료도 추가된다.

지하철 노선도

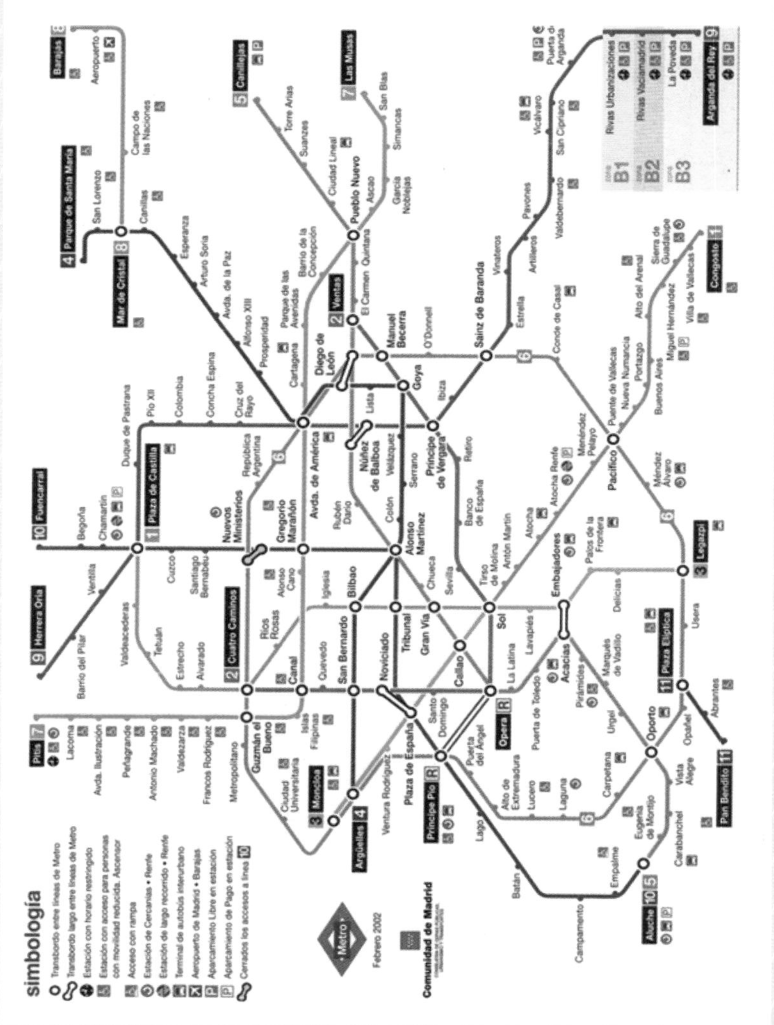
simbología
Transbordo entre líneas de Metro
Transbordo largo entre líneas de Metro
Estación con horario restringido
Estación con acceso para personas con movilidad reducida. Ascensor
Acceso con rampa
Estación de Cercanías • Renfe
Estación de largo recorrido • Renfe
Terminal de autobús interurbano
Aeropuerto de Madrid • Barajas
Aparcamiento Libre en estación
Aparcamiento de Pago en estación
Cerrados los accesos a línea 10
Metro
Febrero 2002
Comunidad de Madrid
Herrera Oria
Fuencarral
Plaza de Castilla
Parque de Santa María
Mar de Cristal
Barajas
Aeropuerto
Campo de las Naciones
Canillejas
Las Musas
Pueblo Nuevo
Ventas
Cuatro Caminos
Nuevos Ministerios
Gregorio Marañón
Avda. de América
Diego de León
Núñez de Balboa
Alonso Martínez
Príncipe de Vergara
Goya
Manuel Becerra
Sainz de Baranda
Pacífico
Legazpi
Congosto
Embajadores
Acacias
Sol
Ópera
Callao
Gran Vía
Tribunal
Bilbao
Noviciado
San Bernardo
Canal
Guzmán el Bueno
Moncloa
Argüelles
Plaza de España
Príncipe Pío
Plaza Elíptica
Oporto
Pan Bendito
Aluche
Pitis
Arganda del Rey
Rivas Urbanizaciones
Rivas Vaciamadrid
La Poveda
Puerta de Arganda
B1
B2
B3

버스 노선도

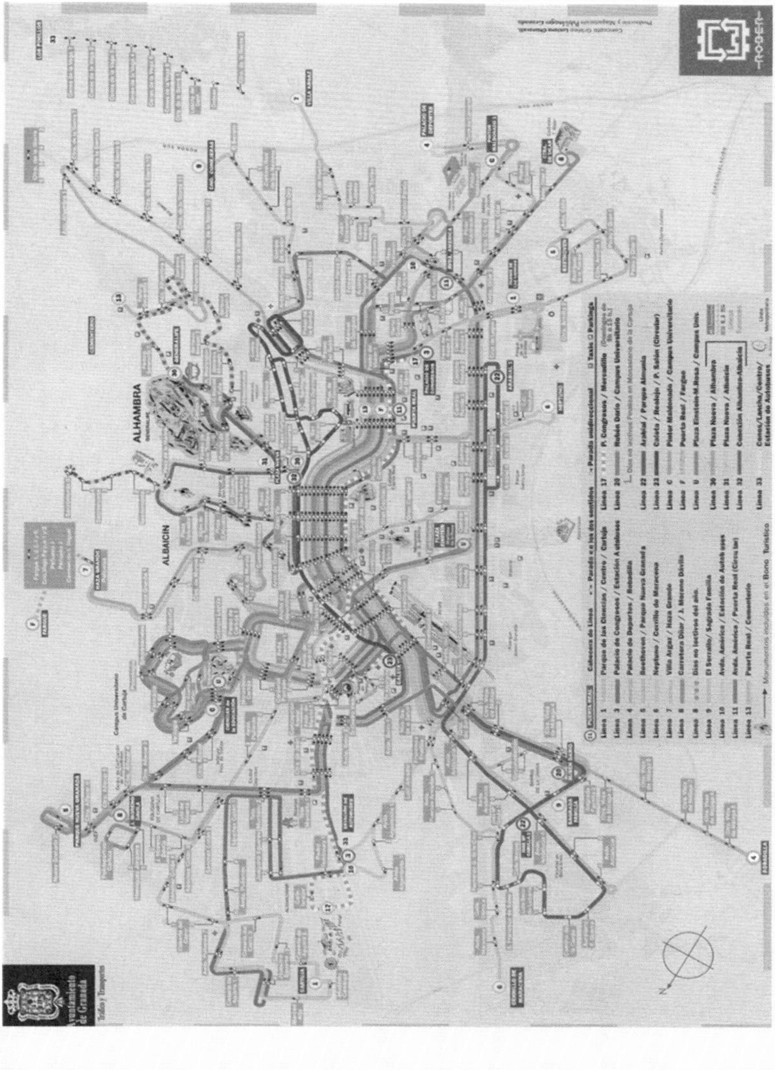

루트샘플

1일차

프라도미술관 → 소피아 국립 예술센터 → 티센 보르네미사 미술관 → 씨벨레스 광장 → 꼴론 광장 → 국립 고고학 박물관 → 쏠 광장 → 마요르 광장 → 왕궁 → 스페인 광장 → 그랑 비아

마드리드 여행은 프라도 미술관에서 시작된다. 지하철 1호선 아또차역에서 내려 프라도 미술관으로 바로 가자. 소피아 국립 예술센터는 아또차역에서 나와 기차역을 뒤로 두고 왼쪽 맞은 편으로 길을 건너 골목으로 들어가면 작은 광장 옆, 유리로 된 투명한 엘리베이터가 있는 건물이다.

2일차 (근교도시 여행(톨레도, 세고비아))

프라도 미술관_ Museo del Prado

1819년, 스페인 왕실의 수집품들을 모아 개관하여 19세기 말 국가소유가 되면서 다른 미술관 작품들을 받아 확장하였다. 또한 종교기관 재산법으로 종교기관의 소유작품들을 빼앗으면서 최대 규모로 커졌다.
지금은 런던의 '내셔널 갤러리', 피렌체의 '우피치 미술관'과 함께 유럽 3대 미술관으로 알려져 있다. 회화작품을 8,000점 이상 전시하고 있어 미술관만으로는 세계 최대로 스페인이 자랑하는 세계적인 미술관이다.
12~19세기의 초기 네덜란드와 플랑드르 회화, 스페인 회화, 이탈리아 회화의 작품들이 다수를 차지한다. 스페인 미술의 3대 거장인 고야, 벨라스케스, 엘 그레코의 많은 작품들을 감상할 수 있는 좋은 곳이다.

루브르박물관이나 대영박물관과는 달리 프라도 미술관은 자국의 회화와 조각을 중심으로 전시하고 있어 스페인 사람들은 자부심이 높다.
건물은 1787년에 완공된 신고전주의 양식으로 건물 자체로도 볼거리이다. 북쪽의 고야의 문과 남쪽의 무리요의 문으로 들어간다.

1층에는 플랑드르 회화를 중심으로 루벤스의 '미의 세 여신 Las Tres Gracias', 브뤼겔의 '죽음의 승리 Triunfo dela Muerte', 보쉬의 '쾌락의 정원 Jardin de los Delicias', 듀러의 '아담과 이브 Adan y Eva' 등의 작품과 함께 고야의 '지식을 잡아먹는 사투르누스' 등의 검은 그림 시리즈가 있다.
2층에는 스페인 회화를 중심으로 벨라스케스의 '라스 메니나스(궁정시녀들) Las Meninas', 고야의 '나체의 마야 La Maja Des-nuda', '옷입은 마야 la Maja Vestida', '카를로스 4세 가족 La Familia de Carlos Ⅳ', 엘그레꼬의 '성 삼위일체 Trinidad', 무리요의 '무원죄의 잉태 La Inmaculada de Soult'과 함께 안젤리코의 '수태고지 Aunciacion' 등이 전시되어 있다. 작품을 감상하다보면 점심때가 될 수도 있다. 이때에는 지하에 있는 레스토랑을 이용해 점심을 해결하자.

※ 프라도 미술관에서 나와 미술관 뒤편으로 펼쳐진 레띠로 공원과 소피아 국립 예술센터를 들르자. 프라도미술관에서 감상을 오래해 시간이 없어도 잠깐 들르면 여유를 가져도 하루에 마드리드를 다 볼 수 있다.

Open : 월~토요일 10:00~20:00, 일요일, 공휴일 10:00~19:00
1/6, 12/24 10:00~14:00
Closed : 1월 1일, 5월 1일, 12월 25일
요금 : €12.00(25세 이하 학생 무료), 월~토요일 18:00이후 무료,
일요일 17:00이후 무료, 10월 12일, 11월 9일, 12월 6일 무료
교통 : M-2 Banco de espana M-1 Atocha, www.museoprado.es

미술관 제대로 보기

1 프라도 미술관을 들어가면 2층으로 이동하여 오른쪽에 있는 38번방으로 들어가서 고야의 '자식을 잡아먹는 사트르누스를 감상하면서 시작하면 된다.

2 32방으로 이동하여 고야의 '카를로스 4세와 그의 가족'과, 자화상을 본 후 39번방의 '1808년 5월3일'을 감상한다. 21번방에서는 '나체의 마하'와 '옷 입은 마하'를 보고 29번방으로 이동한다.

3 29번방에서는 벨라스케스의 '브린다시의 항복을 12번방으로 이동하여 '라스메니나스'를 감상하고 쉬는 것이 좋다. 미술시간에 보지 못한 작품이 많아 감상을 천천히 하는 것이 좋다.

4 9번방으로 이동하여 루벤스의 '세미의 여신'과 '파리스의 심판'을 감상하고 1층으로 이동한다.

5 1층에서 24번방으로 이동하여 엘 그레코의 '지상의 그리스도, 성삼위 일체'를 감상한다.

6 55b방으로 이동하여 '아담과 하와', 56번방에서 브뤼겔의 '죽음의 승리'와 보스의 '쾌락의 동산을 감상하고 58번방으로 이동하여 로지에의 '십자가강하'를 보면 대부분의 작품들은 볼 수 있다.

작품을 감상하다보면 점심때가 될 수도 있다. 이때에는 지하에 있는 레스토랑을 이용해 점심을 해결하자.

※프라도 미술관에서 나와 미술관 뒤편으로 펼쳐진 레띠로 공원과 소피아 국립 예술센터를 같이 보는 것이 좋다. 프라도미술관를 보며 시간이 없다면 잠깐만 들러보아도 된다.

마드리드 카드

프라도, 소피아, 티센보르네미사 미술관을 포함한 마드리드의 54개 박물관과 대중교통, 시티 투어 등을 모두 다 이용할 수 있는 카드로 미술관, 박물관에 관심이 있다면 사용할 만하다. 단, 일요일은 프라도와 소피아 미술관이 무료여서 많이 이용하지 않는다면 구입할 필요는 없다. 구입은 관광안내소와 인터넷에서 할 수 있으며, 인터넷에서는 10%할인한다.
(www.neoturismo.com)

▶24시간 € 39.00,
▶48시간 € 49.00
▶72시간 € 59.00

Open : 월~토요일 10:00~20:00, 일요일,
공휴일 10:00~19:00,1/6, 12/24 10:00~14:00
Closed : 1월 1일, 5월 1일, 12월 25일
요금 : €12.00(25세 이하 학생 무료),
월~토요일 18:00이후 무료,
일요일 17:00이후 무료,
10월 12일, 11월 9일, 12월 6일 무료
교통 : M-2 Banco de espana M-1 Atocha,
홈페이지 : www.museoprado.es

소피아 국립예술센터_

Museo National Centro de Arte Reina Sofia

1986년, 현재 스페인 왕비인 소피아의 이름을 따서 공연장, 강연장으로 이용하는 문화예술센터로 개관하였다. 1988년, 국립미술관이 되고 1992년에는 까를로스 왕이 현대미술까지 전시하면서 확대해 개관되었다.
20세기, 현대미술 작품들을 한 곳에 모아 놓았다. 이곳의 가장 잘 알려진 작품은 프라도 미술관의 별관 '카손 델 부엔 레티로'에서 92년에 옮겨온 그 유명한 피카소의 '게르니카'로 2층에 전시되어 있다.

Open : 월~토요일 10:00~21:00, 일요일 10:00~14:30
요금 : €8.00, 월 • 수 • 목 • 금요일 19:00이후 무료, 토요일 14:30이후 무료,
일요일 무료, 4/18, 5/18, 10/12, 12/6 무료
교통 : M-1 atocha, M-3 lavapies,
홈페이지 : www.museoreinasofia.es

레띠로 공원_ Parque del Retiro

1630년 필리페 2세가 지은 왕궁의 정원터를 1868년 이자벨 2세가 마드리드 시민에게 기증하면서 레티로 공원이 시작되어, 지금은 마드리드 최대의 공원이 되었다. 가운데에는 마드리드시민의 휴식처로 알폰소 12세의 동상이 세워진 레띠로 연못이 있으며, 남쪽에는 벨라스께스관 Palacio de Velazquez과 크리스탈관 Palacio de Cristal이 있다. 매주 일요일에는 야외 음악당에서 음악회가 열리기도 한다.

※프라도 미술관에 접한 긴 도로 Paseo de Prado에서 미술관을 뒤로 하고 오른쪽으로 올라가면, Paseo de Prado는 아또차 역, 프라도 미술관, 씨벨레스 광장을 연결하는 도로로 중앙에 넵투노 광장이 있다. 넵투노 광장 왼쪽에 붉은 건물이 티센 보르네미사 미술관이다.

교통 : M-2 Retiro

티센 보르네미사 미술관_

Museo de Thyssen Bornemisza

19세기 초반에 지어진 네오클래식의 붉은색 건축물로 프라도 미술관 건너편에 있다. 프라도 미술관, 소피아 국립 예술센터와 삼각형 모양으로 위치해 있어 골든 트라이앵글이라 불리운다. 1920년 하인리히 남작이 시작해, 1960년대 그의 아들인 보르네미사 남작이 더 많은 수집품들을 모아 1988년에 미술관으로 개관하였으며, 1993년에는 스페인 정부가 티센 집안에서 미술관을 매입하여 국립미술관이 되었다. 마드리드의 귀족인 티센 일가가 수집한 광범위한 컬렉션들이 전시된 이곳은 13세기부터 현재에 이르는 800점 이상의 회화를 소장하고 있어 피카소, 달리 등의 현대미술, 16~18세기 이탈리아, 네덜란드 등의 회화를 감상할 수 있다. 지하 : 입체파와 아방가르드, 팝아트 등의 20세기 미술.

▶**1층** : 17~20세기의 네덜란드 화가들.
드가, 마네, 르느와르, 고흐, 세잔 등 인상파 작품.
▶**2층** : 13~18세기 이탈리아 작품. 프랑스, 독일, 플랑드르, 스페인 화가들의 작품.

Open : 화~일요일 10:00~19:00 **Closed** : 월요일
요금 : 상설전시 €9.00, 학생 €6.00 **교통** : M-2 Banco de Espana
홈페이지 : www.museoprado.es

씨벨레스 광장_

Plaza de Cibeles

씨벨레스 광장을 중심으로 북쪽에는 꼴론 광장, 동쪽에는 알깔라 문, 남쪽에는 프라도 미술관이 있다. 씨벨레스 광장에 들어서면 오른쪽으로 길을 따라가면 독립광장 Plaza de la Independencia이 나오고, 이곳에 알깔라 문 Puerta de Alcala이 있다.

왔던 길로 계속 직진하면 꼴론 광장 Plaza de Colon이 나온다. 쏠 광장에서 동쪽으로 뻗은 알깔라 거리 Calle de Alcala와 그랑비아 GranVia의 합류지점으로, 중심에는 대지와 풍요의 여신 씨벨레스가 두 마리의 사자가 끄는 마차를 탄 조각과 아름다운 분수가 있다. 알깔라 거리에 접해있는 웅장한 건물이 스페인 은행 Banco de Espana이다. 그 건너편에 왕궁처럼 생긴 또 하나의 거대한 건물은 바로 중앙 우체국 Palacio de Comunicaciones(1905년)이다.

교통 : M-2 Banco de espana

알깔라 문_

Puerta de Alcala

독립광장 Plaza de Independencia에 우뚝 서있는 이 건물은 원래 아라곤으로 통하는 옛 성문이었는데, 까를로스 3세의 개선을 기념하기 위해 1769~1778년 프란시스코 사바티니에 의해 세워진 개선문이다. 까를로스 3세는 스페인이 서구의 열강들로부터 수난을 당하던 시기에 왕위를 계승받아 스페인의 재건에 힘쓴 왕으로 마드리드 시의 기틀을 마련하기도 하였다.

※시간이 없다면 생략해도 무방하지만 알깔라 문까지 온 김에 왼쪽으로 난 세라노 거리 Calle de Serrano를 계속 올라가면 국립 고고학 박물관이 있다. 하지만 대부분의 관광객은 그닥 만족도가 높지않다. 왔던 길에서 올라가면 근처에는 쇼핑거리가 있으니 여름에는 특히 시원한 에어컨 바람을 쐬고 여행하는 것도 좋다. 세라노 거리는 마드리드의 로데오 거리이다. 값비싼 명품들이 모여 있어 아이쇼핑하기 좋으며 마드리드의 유명한 백화점인 Corte Ingres 백화점도 있다. 하지만 쇼핑하기에는 많이 비싸다. 쏠 광장이 쇼핑하기에 좋다.

교통 : M-2 Retiro

국립 고고학 박물관_

Melbourne Museum

관광객들이 많이 가는 박물관은 아니지만 인류학에서 중요한 알타미라 동굴벽화를 보고 가는 곳이다. 물론 박물관에 전시된 벽화는 복제품이지만 볼만한 가치가 있다.
들어가면 왼쪽 지하로 내려가는 길에서 볼 수 있다.구석기시대부터 15세기까지의 페니키아, 카르타고, 이베리아, 로마, 서고트, 기독교, 이슬람교 등의 유물과 자료들이 연대순으로 전시되어 있다. 무료라 부담이 없다.

Open : 화~토요일 09:30~20:00, 일요일 • 공휴일 09:30~15:00
Closed : 월요일
교통 : M-4 Serrano
홈페이지 : man.mcu.es

꼴론 광장_

Plaza de Colon

콜롬버스를 기념하기 위해 만든 광장이 다. 콜롬부스 동상이 높은 기둥위에 서 있고 항해일지가 새겨진 돌로 된 기념물이 서있다.

아메리카 대륙 발견 당시의 분위기는 느끼기는 힘들지만 콜롬버스가 스페인에서 차지하는 비중을 알 수 있는 광장이다.

| **교통** : M-4 Colon

쏠 광장_

Puerta del sol

뿌에르따 델 쏠이란 '태양의 문'이란 뜻을 그대로 가지고 온 쏠 광장은 마드리드의 중심지역으로 마드리드 여행을 여기서 시작하면 된다. 10개의 도로가 뻗어나가며 지하철도 3개 노선이 교차하고 있다.

태양이 새겨진 성문이 있었다고 하나 지금은 없다. 많은 사람들이 모여드는 장소로 새해맞이 행사도 쏠 광장에서 진행될 정도로 중요한 광장이다.

광장 앞에는 시계탑이 있는 마드리드 자치의회 건물이 있고 건너편에는 마드리드 최고의 백화점 El Corte Ingres과 많은 상점들이 있는 번화가 쁘레시아도스Preciados 거리가 있다.

쏠 광장에서 마요르 거리Calle Mayor를 따라 조금만 가다가 왼쪽골목으로 들어가면 마요르 광장이 나온다.

| **교통** : M-1, 2, 3 Sol

마요르 광장_

Plaza Mayor

마드리드의 공식행사나 시장, 투우, 종교재판 등이 이루어진 광장이 지금은 많은 사람들이 오가며 일요일에는 우표, 화폐 시장이 열리는 광장이 되었다.
중앙에는 필리페 3세의 기마상이 있으며, 1617~ 1619년에 완성되었다. 하지만 여러 번의 화재로 1961년에야 현재의 모습이 만들어졌다.
유리창이 많아 눈에 띄는 광장 옆의 산미구엘 시장(Mercado San Miguel)에서는 각종 야채, 과일 등을 살 수 있고 근처에 저렴한 식당들이 몰려있다.

※마요르의 뜻 : 스페인을 여행하다 보면 마요르라는 이름의 광장이 많다. 이는 스페인의 전형적인 광장으로 일층에 낭하가 있는 건물들이 사각형으로 광장을 둘러싸고 있는 형태이다.

Open : 월~금요일 10:00~20:00, 토요일 10:00~14:00
Closed : 일요일, 공휴일
교통 : M-1, 2, 3 Sol

마드리드의 벼룩시장_

El Rastro

마드리드를 여행할 때 주말이라면 벼룩시장을 구경해보자. 마요르 광장에서 똘레도 거리(Calle de Toledo)로 가다가 왼쪽의 Calle ribera de Durtidores로 들어가면 벼룩시장이 열린다.
500년의 역사를 자랑하는 벼룩시장에는 고서화, 골동품, 중고가구, 옷, 장신구, 음반, 공예품, 가재도구 등 온갖 물건들이 모여 있다. 쇼핑보다는 마드리드 시민들의 생활을 볼 수 있는 좋은 기회일 것이다. 괜찮은 물건이 보인다면 가격을 절충하여 사야 한다. 벼룩시장의 단점은 소지품을 노리는 소매치기가 많다는 것이다. 소지품은 항상 조심하자. 마요르 거리로 나와 서쪽으로 가다보면 알무데나 성당과 거대한 레알 왕궁이 나타난다.

Closed : 일요일, 공휴일 09:00~15:00
교통 : M-5 La latina, Puerta de Toledo

레알 왕궁_

Palacio Real

마드리드에서 가장 아름다운 장소이다. 이탈리아 르네상스와 신고전주의 양식을 혼합하여 만든 왕궁이다. '옥좌의 방', '황금의 방' 등 스페인 왕실의 화려한 방들을 구경하면서 프랑스나 다른 유럽의 왕궁과 비교할 수 있는 좋은 기회이다.
1738~1764년에 필리페 5세에 의해 2,800여개의 방을 가진 커다란 왕궁으로 지어졌다. 그중에 지금은 50여개만을 공개하고 있다. 150여명을 동시 수용하는 연회장이 아름다운데 지금도 스페인 왕실에서 공식적인 행사에 사용하는 왕궁이다. 왕궁 안에는 고야, 벨라스께스 등의 그림과 함께 2500여개에 달하는 15~16세기의 타피스트리(장식천), 200여개에 이르는 시계 수집품, 왕궁 약재실, 메달 박물관, 음악 박물관, 무기 박물관, 마차 박물관 등이 있어 꼭 관람해야하는 장소이다.

Open : 4~9월 월~토요일 10:00~20:00, 일요일 • 공휴일 09:00~15:00
10~3월, 월~토요일 10:00~18:00, 일요일 • 공휴일 09:00~14:00
요금 : €10.00, 학생 €5.00
교통 : M-2, 5 Opera
홈페이지 : www.patrimonionacional.es

캄포 델 모로_

Campo del Moro

왕궁 뒤 편에 있는 넓은 공원으로 마드리드 시민이 많은 레띠로 공원과는 다르게 조용한 공원으로 휴식을 취하기에 좋다.
무성한 나무와 분수, 조각들이 있고 왕궁도 내려다 볼 수 있다.

Open : 여름 10 : 00 ~ 20 : 00 / 일요일 09 : 00~20 : 00
겨울 10 : 00 ~ 18 : 00 / 일요일 09 : 00~18 : 00
교통 : M-2, 5 Opera

투우경기장_

Plaza Monumental de Toros de las Ventas

마드리드에서 가장 큰 투우경기장으로 5~10월 일요일에 열린다. Feria de San Isidro 축제기간(5월 중순~6월 중순)과 Feria de Otoo축제기간(9월 말~10월 초)에는 매일 열린다.

투우 Corrida de Toros

로마시대부터 시작된 투우는 원래 신에게 황소를 바치는 의식에서 시작되었다고 하는데 이제는 스페인의 열광적인 국가 스포츠로 자리 잡고 있다. 해마다 부활절 즈음부터 11월까지 행해지며 최근에는 최초의 여성 투우사도 생겨나 더욱 관심을 끌고 있다. 티켓은 €6.00~60.00로 다양하다. 쏠 Sol(태양)은 말 그대로 햇볕이 드는 뜨거운 자리에서 싸고, 쏨브라 Sombra(그늘)은 그늘이 지는 서늘한 자리여서 비싸며, 쏠 이 쏨브라 Sol y sombra는 햇볕이 들다가 차차 그늘이 되는 자리여서 중간 가격이다. 또한 앞자리는 뗀디도 Tendido, 가운데는 그라다 Grada, 뒷자리는 안다나다 Andanada라고 하여 앞자리일수록 비싸다. 통장에서 직접 사는 것이 좋으며 거리의 매표소에서는 20%정도의 수수료를 받는다.

스페인 광장_

Plaza de Espana

스페인의 위대한 작가 세르반테스의 서거 300주년을 기념해 세운 동상과 돈키호테, 로시난테, 산초의 동상이 있는 사진 찍기에 좋은 광장이다.
동상 뒤에 있는 건물은 스페인 빌딩 Edificio Espana이고 왼쪽에 있는 높은 건물이 마드리드 타워 Torre de Madrid가 있다. 맨 위층에는 카페가 있어 마드리드 시내가 내려다보인다. 광장 북서쪽에는 대학가가 있어 학생들을 위한 각종 상점, 식당, 디스코텍 등이 있다. 세르반테스의 동상을 바라보면서 오른쪽으로 고개를 돌리면 번화가가 보이는데 그 길이 바로 마드리드에서 가장 번화한 그랑비아 거리이다.

교통 : M-3 10 Plaza de Espana

스페인 광장 여행 안내소
Open : 월~금요일 09:00~19:00, 토요일 09:30~13:00
Closed : 일요일, 공휴일

그랑비아_ Gran Via

1910년에 시작된 구획정리를 통해 10년 후에 완성된 이 거리는 스페인 광장에서 씨벨레스 광장까지 뻗어있는 마드리드 중심가이다. 그랑비아 거리를 경계로 남쪽의 좁고 굽은 길들이 모여 있는 구시가지와 북동쪽의 반듯한 길들이 모여 있는 신시가지가 나눠진다. 길 양쪽은 각종 상점, 사무실, 호텔, 레스토랑, 나이트클럽, 극장 등이 모여 있는 마드리드 최대의 번화가이다.

교통 : M-3, 10 Plaza de Espana / M-3, 5 Callao / M-1, 5 Gran Va

고야의 빤떼온_ Panteon de Goya

1792~1798년 까를로스 4세에 의해 지어졌으며 원래 이름은 '성 안토니오의 은신처 Emita de San Antonio de la Florida'이다. 고야가 성당 천장에 그린 프레스코화 '성 안토니오의 기적'으로 유명하여 예배당 안에는 고야의 유골이 안치되어 있다. 소박하고 아담하면서도 아름다워 조금 떨어져 있지만 가볼만 하다. Principe Pio 역에서 플로리다 거리 Paseo de la Florida로 10분 정도 걷다보면 오른쪽에 있는 아담한 성당이다.

Open : 화~금요일 10:00~14:00, 16:00~20:00
토요일, 일요일 10:00~14:00
Closed : 월요일, 공휴일　요금_ 무료　교통_ M-6, 10, R principe Pro

백화점_ El Corte Ingres

스페인 최대의 백화점으로 마드리드에만 지점이 5개 있다. 그 중 가장 위치가 좋은 곳은 쏠 광장 지점이고, 두 번째는 고급 쇼핑가인 세라노 거리 지점이다. 지하에 수퍼마켓이 있고 환전소도 있어 편리하다.

Open : 월 ~ 토요일 10:00 ~ 21:00
교통 : M-1, 2, 3 Sol 또는 Serrano

마드리드 OUT

파리(Paris)

마드리드에서 파리로 향하는 차마르틴 역 Estacion de Chamartin에서 출발한다. 13시간이 넘는 장시간 열차 여행이므로 열차에 오르기 전에 간단한 먹거리를 준비하는 것이 좋다. 마드리드에서 파리까지는 하루에 4차례의 열차가 운행 중이다. 그 중에 하나는 추가요금이 필요한 직행 Hotel열차. 그리고 나머지는 국경에서 갈아타야 하는데 주간열차가 한 번, 야간열차가 두 번 있다.

직행 Hotel 열차는 18:12에 차마르틴 역을 출발해 파리 오스테를리츠 역에 다음날 아침 09:03에 도착한다. 시간도 가장 적게 걸리고 갈아타는 불편함도 없지만 €30.00~40.00의 비싼 추가 요금이 있다. 또 한가지는 차마르틴 역에서 08:00에 출발하는 엔다여행 열차인데 13:51에 종점에 이르면 15:34에 파리행 열차가 있다. 21:33에 파리 몽빠르나스 역에 도착한다. 하지만 여행자들이 가장 많이 이용하는 열차는 국경에서 갈아타는 야간이동인데, 마드리드 – 국경 구간을 야간 이동할 수도 있고, 국경–파리 구간을 야간 이동 할 수도 있다. TGV나 Talgo, 그리고 야간열차는 예약이 필요하므로 마드리드 차마르틴 역에서 미리 예약비를 지불하고 열차를 예약해 두자. 마드리드–파리간의 야간이동은 많은 준비가 필요하다.

바르셀로나(Barcelona)

바르셀로나와 마드리드는 스페인의 가장 큰 두 도시이며 스페인이 자랑하는 초고속 열차 AVE로 연결이 되어있다. 바르셀로나 산츠역에서 마드리드 아또차역까지 AVE열차를 타면 2시간 30분 정도 소요되며 예약 필수이므로 반드시 미리 예약비를 내고 좌석을 확보하도록 하자.

리스본(Lisbon)

포르투갈의 리스본으로는 하루 한대의 야간 호텔 열차만이 왕복한다. 차마르틴 역에서 22:25에 출발하며 리스본의 산타 아폴로니아 역에 다음날 아침 07:41에 도착한다. 침대칸은 예약비가 비싸지만 앉아서 갈 수 있는 코치도 있어 빨리 예약하면 부담을 덜 수 있다.

세비야(Sevilla)

마드리드와 세비야 사이는 스페인이 자랑하는 고속열차 AVE가 471㎞의 거리를 두 시간 반만에 주파하고 있다. 오전 6시 반부터 밤 9시까지 30분~1시간 간격으로 계속 다니며 예약 필수이다. 마드리드의 아또차 역에서 출발하며 미리 체크인을 해야 하므로 출발시간에 여유 있게 역으로 가는 것이 좋다.

그라나다(Granada)

마드리드에서 그라나다까지도 고속열차 AVE가 개통되어 더욱 시간이 단축되었다. 아또차역에서 미리 좌석을 예약하고 탑승하면 4시간 30분 정도 소요된다. 운행횟수가 많지 않으므로 시간을 미리 확인하도록 하자.

열차 종류	호텔열차	Alaris
Madrid Chamartin 출발	18 : 12	08 : 00
Hendaye 도착	–	13 : 51
열차 종류	직행	TGV
Hendaye 출발	–	15 : 34
Paris 도착	09 : 03	21 : 33
도착역	Austerlitz	Montparnasse
소요시간	14 : 51	13 : 33

조대현

스페인에 현재 거주하면서 스페인을 직접 체험하면서 글을 쓰고 있다. 63개국, 298개 도시 이상을 여행하면서 강의와 여행 컨설팅, 잡지 등의 칼럼을 쓰고 있다. KBC 토크 콘서트 화통, MBC TV 특강 2회 출연(새로운 나를 찾아가는 여행, 자녀와 함께 하는 여행)과 꽃보다 청춘 아이슬란드에 아이슬란드 링로드가 나오면서 인기를 얻었고, 다양한 여행 강의로 인기를 높이고 있으며 "해시태그" 여행시리즈를 집필하고 있다. 저서로 블라디보스토크, 크로아티아, 모로코, 베트남, 푸꾸옥, 아이슬란드, 가고시마, 몰타, 오스트리아, 스페인 등이 출간되었고 북유럽, 독일, 이탈리아 등이 발간될 예정이다.

폴라 http://naver.me/xPEdlD2t

HASH TAG TRAVEL

짧게 떠나는 산티아고 순례길

인쇄 I 2023년 7월 18일
발행 I 2023년 8월 16일

글 I 조대현
사진 I 조대현, 파울로 카르도네 Paolo Cardone(이탈리아 사진작가)
펴낸곳 I 해시태그출판사
편집 · 교정 I 박수미
디자인 I 서희정

주소 I 서울시 강서구 허준로 175
이메일 I mlove9@naver.com

979-11-93069-30-1(03920)

※ 일러두기 : 본 도서의 지명은 현지인의 발음에 의거하여 표기하였습니다.